LOS MIEDOS FELICES

¡Basta de tener miedo!

Napoleón Martín del Campo, Robert Martínez Frías y
Renato Padilla

WISCO.

D.R. © 2012. José Napoleón Martín del Campo Hernández
Robert Eugene Martínez Frías
Fernando Renato Padilla Gómez
www.napocomics.com

Publicado por:

© 2012. Wisco.
Fernando Renato Padilla Gómez
León, Guanajuato, México
+52 (477) 2 12 70 99

Diseño de cubierta: Fernando Joel Batta
Diseño de interiores: Miguel Ángel Díaz Ríos
Ilustraciones de portada e interiores: Fernando Joel de Jesús Batta Velázquez

Corrección de estilo: Myrna Ledezma Arvizu y Óscar Neftalí Medina Rangel

Primera edición: Septiembre, 2012

ISBN: 978-607-00-6135-6

ÍNDICE

Agradecimientos

Los autores quieren agradecer a la Mtra. Myrna Ledesma Arvizu por su lectura crítica, su análisis puntual y por sus comentarios pertinentes. Pero más queremos agradecerle su resistencia al aburrimiento, su paciencia y sentido del humor, y (sobre todo) su amistad. Así mismo a Óscar Medina Rangel por su apoyo en la edición del libro (y de paso evitar la locura de Renato Padilla).

El Mtro. Napoleón Martín del Campo quiere expresar: "Este proyecto te lo quiero dedicar con todo mi amor y todo el respeto que me mereces Verónica, porque la vida te puso en mi camino en el tiempo correcto. Agradezco todo lo que has hecho para que yo pueda enfrentar mis miedos; y te admiro, porque tú has querido enfrentar los tuyos. Te amo".

"Para mi esposa, amiga, cómplice, confidente y oasis continuo Covadonga Arévalo. Para mi hijo y padawan, David Eugenio: que la Fuerza siempre esté contigo; larga vida y prosperidad. Para mis pacientes y alumn|s por todo el aprendizaje compartido y todas las lecciones que me han dado con sus ejemplos de vida que día a día hacen del mundo un lugar mejor para todos. Para ti, La Fuerza". -Dr. Robert Martinez Frías

El Lic. Renato Padilla desea agradecer a sus hermanos por hacer de su infancia una experiencia traumática e inolvidable. A su madre y a su padre por estar siempre allí dispuestos a combatir monstruos nocturnos. A sus tías por desaparecer del vocabulario la palabra "temor" y cambiarla por la de "aventura". A Belem por ser la fiel y valiente Penélope que soportó en Ítaca con digna fortaleza y paciencia casi infinita. Y a Isaul, cuya existencia ilumina los motivos de escribir este libro.

LOS MIEDOS FELICES

Nota general de los autores

Finalmente, queremos agregar una nota antes de que se comience la lectura: Este texto no es un camino recorrido, un laberinto resuelto, un acertijo descifrado. Tiene más la forma de un mapa, de una llave, de un código secreto en espera de ser desencriptado. El texto quiere funcionar como una provocación. Si al final del texto el lector (sí, tú. Te hablamos a ti), se torna pensativo y busca, por lo menos, reconocer a sus miedos, habremos triunfado en nuestro propósito.

En resumen: Lee, disfruta y esperamos de todo corazón, que el texto ayude en tu caminar.

¡Feliz viaje!

Introducción

Sin duda, los recuerdos de la infancia, pueden llegar a ser para muchas personas, los más sensibles en sus posibles acepciones positivas o negativas. Algunas de estas remembranzas, son pilares de nuestras estructuras de pensamiento y filtros de interpretación de la realidad. Las experiencias infantiles, arrastradas a las etapas subsecuentes, se vuelven generadoras de respuestas; éstas son movidas por actitudes hacia lo *bueno*, lo *malo*, lo deseable, lo fascinante, lo sublime o lo temible, entre varias más que proyectamos y también introyectamos. Pensemos por un momento, en esta escena extraída de nuestro pasado común: un grupo de niños y niñas reunidos por un móvil imaginativo, contando '*historias de miedo*'. Debatiéndose entre la cándida risa catártica y el temor construido por las narraciones, el miedo 'comienza' a tomar formas diversas en una especie de holograma colaborativo e imaginario entre sus pequeños creadores; éste recorre la atmósfera infantil y asoma así, una extraña fascinación por la expectación y el grito. Lejos de la estampa de una '*pijamada hollywoodense*', la diversión en este círculo de narradores, radica en que los relatos, finalmente, '*se van a terminar*'; va a acabar el juego y el encanto por el temor. Entonces los pequeños seguirán con '*algo más*'.

La seducción del temor, consiste en la ansiedad provocada a partir de tiernos relatos creativos, que a los siete años, pueden ser una experiencia enriquecedora en cuanto a las relaciones sociales que conectan a los infantes, la generación de un grupo momentáneamente identitario en donde se comparte '*el miedo*'.

LOS MIEDOS FELICES

Estos relatos son creaciones ficcionales y fantásticas; pero cuando los monstruos, los fantasmas, o incluso el *chupacabras,* ocupa un espacio en las facultades mnémicas de los que ahora somos adultos, deviene su transformación en lo que efectivamente nos da miedo: el trabajo, el amor, las relaciones sociales, la soledad, el fracaso, el ser y la existencia misma.

Es precisamente esta lógica social, del ejemplo anterior acerca de 'hablar del miedo', lo que ha reunido a tres escritores lúdicos y, que por consecuencia, me convocaran para ser una especie de testigo–participante de su reunión, ahora develada; en donde se conjuntaron para hablar, reflexionar y escribir acerca del miedo, pero no historias de miedo. He de hacer la siguiente aclaración: los tres autores que en las líneas de este libro, vierten sus amenas y reflexivas acotaciones sobre el temor, no lo han abordado como el embrujo de lo oculto, sino precisamente, rompen con esta tradición cultural y psicológica; de esta manera, deciden '*darle su lugar al miedo*': lo ven de frente, lo analizan, lo imaginan, lo disfrazan y lo desnudan; le ponen nombre y acciones, para finalmente, negociar y reconciliarse con él.

En este '*lugar del miedo*', con una serie de ajustes multidimensionales, los autores deciden hacer un llamado a la reflexión y la introspección en lo que se conoce como el *self;* es decir, "verse a sí mismo desde afuera", con una serie de estrategias y herramientas amigables, como son los recuerdos desde la memoria cinematográfica, la televisiva, los relatos míticos, los discursos religiosos y contemplativos, e incluso, desde lo académico y de los juegos de mesa. Todo ello, siempre impregnado de matices lúdicos, sin descuidar las narrativas secuestradoras de la atención y sin menoscabo de la profundidad académica y conceptual.

Es así, que desde mi mirada y testificando de cómo a partir de una serie de palabras articuladoras de ideas creativas y provocadoras, puedo describir que tres escritores ocupados por la resolución y enfrentamiento del temor, lo cercan, minimizan y ensombrecen; arrancando en el lector más de una sonrisa y lazo identificador, con los escenarios mostrados en lo que ellos han denominado un Miedo Feliz.

Este libro es convocado, a partir de un interés por migrar del miedo que obstruye, detiene y paraliza, hacia el miedo reconocido, acompañante en la vida con las negociaciones que una persona consciente de su lugar en lo cotidiano, identifica con mesura la habitación de sus temores. Sus autores en una empresa tal, matizan sus invitaciones de anécdotas, filmes y personajes, haciendo de esta manera, un recorrido interesante en entramados narrativos, teóricos y conceptuales que se asoman a la realidad común.

Los Miedos Felices está dividido en tres apartados; en el primero, Napoleón Martín del Campo, antropomorfiza al miedo en las diferentes fases de un recorrido del viajero. Este escrito es una lámpara en el camino, que inicia en la oscuridad e intenta evitar que termine en el sufrimiento. Toma el viaje del héroe como ejercicio imaginativo paralelo, desde la simbología mitológica y su reproducción en personajes cinematográficos. La partida del héroe, el guerrero y su fuerza de voluntad, para enfrentar los impedimentos personales que lo llevarán a una travesía, en la que figuras arquetípicas como los magos incondicionales, cuyas enseñanzas a mirar adentro de nosotros, nos da la investidura de la paz y la felicidad y el amante como representante de la pasión y la conquista que abandona la simple aspiración para convertirse en el logro de los objetivos: el motor de lucha que lleva al viajero a la obtención de la presea de ser él mismo.

En el segundo apartado, las teorías objetales de Melanie Klein, emergen de nuestro pasado para ser reconocidas, en lo que Robert E. Martínez ha denominado como la *Caja de pandora*. Con un lenguaje académico de asomos conceptuales en la realidad, el autor nos lleva en un itinerario a la deconstrucción del temor y de la culpa. Como el mismo autor lo refiere, se trata de una travesía en donde la brújula será el pasado y el futuro, y en el acompañamiento, estarán referentes míticos así como los arquetipos del Tarot; figuras alegóricas que nos invitarán a la libertad que ofrece el reconocimiento con la deconstrucción y reconstrucción, hacia el control sobre las ansiedades persecutorias que nos genera el miedo, para transformarlo en uno feliz con el cual podemos convivir y actuar. Las estrategias mediadoras para la deconstrucción pueden ser variadas; las que aquí se narran pasan por los juegos de mesa y el compromiso personal para la consecución de la autonomía.

BASTA DE TENER MIEDO

En esta senda literaria de entrecruzamientos en los pensamientos internos, finaliza el libro con un refrescante escrito de Renato Padilla, en el cual, nos narra desde su mirada los *Rituales y las prácticas para invocar el miedo*. Bajo el supuesto inicial de la utilidad del miedo para la supervivencia, nos traslada hasta los dispositivos de control foucaltianos, en la construcción social de los temores y el poder. El autor, invita a espejear a ese conjunto de aprensiones que están en contra de uno mismo, que pueden ser el 'inquilino–enemigo interno', así como el 'arma ' que puede detonarse hacia uno mismo, teniendo al espíritu como el blanco de tiro. Bajo la categoría de 'cacería de brujas', es que concluye en la configuración social y mental del miedo compartido, múltiples sujetos que en grupo le damos forma al temor que sentimos acerca de lo desconocido o de lo diferente: desde el bullying hasta la xenofobia. ¿Qué salidas ofrece el autor para este entramado de temores? Nos convida deliberaciones con anécdotas, películas, música de heavy metal y posiciones filosóficas místicas entre Jesús, el Buda y Epicuro. Máximas sublimes de lo místico y la cultura popular mediática, que con el tono hilarante y profundo del escrito, nos llevan a sentir que efectivamente podemos convivir con nuestros Miedos Felices.

Sin duda, el libro que aquí se presenta es una triple mirada, pero unitaria, acerca de lo que es el miedo y las negociaciones que podemos realizar con él, asumir sus formas variadas y medir sus alcances. La vida cotidiana en el cumplimiento de los roles, las actividades de las diversas esferas personales, laborales, sociales propias de la etapa de adultez, en ocasiones nos ciega en el reconocimiento de los deseos personales y los obstáculos irreales. Nuestros miedos, asumidos como poderosos y subyugantes, se vuelven perpetradores de la inmovilización con un alto costo emocional. ¿Cómo es que cedemos ese poder? Diversas respuestas nos dan los ensayos de *Los Miedos Felices*, sus autores nos relatan las tácticas de emancipación interna, vaya implosión encaminada a la libertad y la felicidad, el beneficio de ser uno mismo en una clara estructura mental, emocional y espiritual de la existencia personal.

Myrna Ledesma Arvizu

CAPITULO I
El viaje del Miedo rumbo a la felicidad

Mito, miedo, arquetipos y la narrativa moderna
Napoleón Martín del Campo

> *"El Miedo es el camino al Lado Oscuro.*
> *El Miedo lleva al enojo, el enojo*
> *lleva al odio, el odio lleva al sufrimiento"*
> **Yoda[1] (Star Wars: Episodio I, La Amenaza Fantasma)**

Imagina que estás en el lugar más placentero de todos, no hay de qué preocuparse, la comida es suficiente, el espacio es confortable, el clima es perfecto. No hay molestia alguna ya que todo es como debe de ser, es el sitio correcto para vivir. Pero de pronto llega el caos, sin previo aviso. Es un terremoto o algo parecido que te está obligando a salir de ese lugar, quizá quieres aferrarte pero todos tus esfuerzos no ayudan en mucho, es inevitable, debes dejar tu zona confortable simplemente para nacer.

---

1. Yoda es un personaje que representa al arquetipo del sabio en la saga de Star Wars (1999), creada por George Lucas. Star Wars es propiedad de Lucasfilm LTD.

BASTA DE TENER MIEDO

¡Qué miedo! Hay luz por todos lados que no permite ver en dónde te encuentras, sabes que hay personas rodeándote pero son perfectos extraños e irreconocibles ante tu percepción. Comienza un vacío enorme dentro de ti que te hace conocer la sensación de hambre y sed, además de experimentar el frío que paraliza tu cuerpo... no queda otra opción más que llorar.

La gente te maltrata, te voltea, te sube, te baja y terminas acostado en una plancha de metal que congela tus sentidos, parece que la idea de nacer es la muerte. Pero unos instantes más tarde toda esta revolución tiene un poco de calma cuando sientes un calor especial que te cobija entre los brazos de una mujer que no conoces pero tienes la sensación de que es alguien familiar. En ese momento encuentras un poco de seguridad ya que es lo más parecido al lugar donde estuviste viviendo por los últimos nueve meses.

Tu no lo querías, pero así es la vida, fuiste afortunado entre muchos para ser partícipe del mundo, de aportar algo enorme a las personas que te van a rodear, a ser llamado a la aventura y convertirte en un héroe. Con el tiempo te darás cuenta que este proceso se repetirá cientos de veces a lo largo de tu existencia; día con día tendrás la oportunidad de enfrentarte con la vida misma que te pondrá retos y tu tendrás que ser lo suficientemente inteligente para resolverlos. Pero además no estarás solo, siempre estarás acompañado de tu fiel escudero que no se alejará de ti. Nació y morirá contigo, así que piénsalo ahora que todo comienza, es mejor que el Miedo sea tu aliado.

Ya estás aquí, en un mundo lleno de maravillas que podrán hacer tu estancia muy agradable, lo único que tienes que hacer durante el tiempo que permanezcas aquí es ser feliz, pero eso no es una tarea sencilla, todo parecerá que está en tu contra para que creas que llegar a la meta es una misión imposible. Así que pregúntate si te crees capaz de ser feliz, y si tu respuesta es afirmativa, entonces el Miedo que te acompaña todos los días también lo puede ser. Es el momento de partir, de dejar todo atrás y comenzar un viaje largo hacia lugares inesperados, con paisajes diferentes a los que acostumbras ver, conocer gente que aporte momentos gratos a tu existencia en este mundo. Si crees que te estás metiendo en problemas, entonces es cierto, es el llamado a la aventura de tu vida, goza cada instante, para que al final de los tiempos reflexiones sobre lo divertido que fue vivir y permitas dejar un legado lleno de felicidad. Las personas dirán que fuiste alguien que supo valorar la oportunidad que te dieron, sobre todo cuando les demuestres que tu Miedo también fue feliz contigo.

BASTA DE TENER MIEDO

1.1. Es inevitable partir

Todos estamos llamados a la aventura, cada día se presentan oportunidades para crecer en espíritu, para querernos nosotros mismos, darnos cuenta de lo valiosos que somos y convertirnos en mejores personas. Nada puede ser estático, el ritmo de la vida es constante, la inercia de las acciones que todos los habitantes del planeta Tierra realizamos nos mueven dentro de una sinergia llena de posibilidades donde pareciera que la lógica no es el factor principal para querer tener una vida llena de calma. El miedo es parte de nuestra naturaleza, siempre va a permanecer con nosotros y es indestructible, de hecho, como lo comenta Lovecraft (1927) "el Miedo es la emoción más antigua y más fuerte de la humanidad"; es necesario que exista para que nos motive a querer cambiar las cosas, en ocasiones es difícil renunciar a lo que tenemos pero, nada es para siempre, por eso hay que estar preparados mentalmente para enfrentar todas las adversidades que se nos presenten a lo largo de nuestro camino.

El Miedo existe como una emoción, como una angustia del ánimo por un riesgo o daño real o imaginario, logra volverse una aprensión a que suceda algo contrario a lo que deseamos que pase. Cuando nos sentimos amenazados el Miedo actúa y según la manera como nos desenvolvemos por la vida y las experiencias que adquirimos, es la forma en cómo vamos a interactuar con él. Cada persona es diferente, cada uno reacciona de distintas maneras, no se puede esperar que todos resolvamos problemas exactamente igual, cada uno tendrá que tomar su tiempo para analizar la situación que lo oprime; algunos ante el Miedo pueden quedar paralizados en alguna situación, sin tener idea de qué camino tomar, cuál es el siguiente paso a dar. También existen personas que logran ser aliados del Miedo, enfrentan un diálogo con él para activar los reflejos al máximo, moverse mucho más rápido y generar un criterio óptimo.

El Miedo es parte de nosotros, su función se construye según la manera como hayamos sido educados, desde la familia, la escuela, la sociedad y la religión. El Miedo está encargado de activar el instinto de conservación, por eso huimos de él, o por lo menos eso creemos, porque queremos impedir cualquier situación que pueda traernos dolor y sufrimiento. Podemos hacernos a la idea de que escapamos del Miedo, que somos capaces de evitarlo pero no importa qué tanto huyamos de él, siempre estará a nuestro lado para recordarnos que tan sólo somos seres humanos. Si es natural que podemos sentir Miedo, entonces hay que hacer una reflexión sobre qué es lo que sentimos cuando éste aparece.

BASTA DE TENER MIEDO

El Miedo es parte de nosotros y en ocasiones parece que se aburre de que las cosas sean completamente iguales todo el tiempo, es entonces cuando desea salir de aventura y disfrazarse de muchas cosas, uno de sus atuendos favoritos es el de la culpa, que al fortalecerse el Miedo nubla la visión para engañar a la mente y hacernos creer que muchas cosas están mal o que nuestra forma de actuar lo es, es complicado platicar con el Miedo cuando se convierte en culpa, porque él es el actor principal y tiene las mejores líneas, entonces nos convertimos en personajes secundarios de nuestra propia vida. ¿Es normal que esto suceda? Uno tiene el control de su existencia, tenemos la virtud de ser libres y escoger qué es lo mejor para nosotros sin dañar a los demás, es por esta razón que podemos reconocer que es natural que el Miedo también exista, pero la culpa es tan sólo un disfraz, no es natural, fue impuesta por nosotros mismos. Entonces es el momento de que el Miedo nos guíe sin engaños por una nueva aventura. Pensemos entonces, que la culpa no existe, lo que hay son responsabilidades.

La vida está llena de aventuras, en ocasiones somos llamados a participar en ellas de forma accidental, como lo menciona Joseph Campbell en su libro "El Héroe de las Mil Caras" (1949), los seres humanos nos convertimos en héroes cuando comenzamos una nueva misión, ya sea laboral, sentimental, escolar, entre muchas otras. El recorrido es incierto, no hay manera de saber qué va a suceder durante el viaje del héroe, la única manera de averiguarlo es adentrarse a esta aventura y saber cómo resolver todos los retos que se presenten. Expone Campbell (1949) que "el héroe se atreve a marchar de un mundo común a una región sobrenatural maravillosa: fuerzas fabulosas se encuentran ahí y la decisión de ganar la victoria. El héroe regresa de misteriosas aventuras con el poder de la mayor bendición de los hombres" (Campbell, 1949, 25).

Campbell hace una reflexión sobre los mitos, es decir, los cuentos y relatos que la gente dice y conserva por generaciones; el mito es un discurso social que activa mecanismos para recordar nuestra historia. El Miedo forma parte de los mitos, y lo encontramos en infinidad de narrativas como novelas, películas, series de televisión y cómics, pero también en las clases de historia universal y en las noticias que se dan diariamente en los periódicos. El Miedo está constantemente entrando en nuestros diálogos y pensamientos, y aunque es una sensación que nadie queremos tener, en imposible que no suceda, pero pensemos que no es necesariamente algo negativo, al contrario, el Miedo puede estar feliz si lo involucramos en nuestros proyectos para tener desenlaces positivos en nuestra vida.

BASTA DE TENER MIEDO

Imaginemos que una situación inesperada sucede, uno ni siquiera la contemplaba, y no queda más que dos caminos a tomar: el primero es encerrarse en un cuarto para que no pasen más cosas espontáneas, desgraciadamente el miedo también está encerrado ahí, hablando constantemente sobre la salida que uno no quiere tomar; el segundo camino es enfrentar la situación de forma cautelosa, escuchando al Miedo que tan sólo desea lograr que uno sea feliz, sentirse orgulloso de reconocer que uno tiene la capacidad de resolver cualquier cosa que se presente.

El Miedo nos impulsa para lograr nuestras metas, aun cuando no las hayamos considerado en algún momento de nuestra vida, por ejemplo no conseguir empleo o perderlo, por las circunstancias que sean. En ese momento el Miedo nos invade creyendo que todo está perdido, pero con un pensamiento calmado descubriremos que es tan sólo un detonador para conseguir algo mejor a lo que se tenía. Las preguntas que surgen acerca de cómo se va a mantener a la familia, cómo abrirse paso por la vida, cómo se piensan pagar los servicios domésticos, cómo solventar la educación de los hijos, cómo lograr un patrimonio; estas preguntas son tan sólo el Miedo quien está hablando, que desea ser escuchado, simplemente recordarnos que es un aliado incondicional, no piensa dejarnos solos. Es el más animado de enfrentar la aventura de transformar nuestra vida.

LOS MIEDOS FELICES

En los mitos modernos podemos encontrar que los héroes han ido más allá de lo que una persona común y corriente puede hacer, convirtiéndose en superhéroes, pero con la meta de combatir al mal que pone en peligro a la humanidad, claro, los mismos hombres somos un peligro para nosotros mismos cuando queremos tomar ventajas y tener un control absoluto en nuestro entorno. Los superhéroes están destinados a salvar al mundo, tienen un espíritu de ideales firmes para mantener el orden y la justicia de la sociedad. La representación de los superhéroes es la de nuestros padres, quienes están ahí para protegernos de todo el mal que nos acecha. Pero los niños nunca consideran que los padres tienen más Miedo que ellos, así que no queda otra solución más que ponerse el traje de héroe y enseñar a los hijos a que sean valientes y sepan enfrentar al Miedo hasta que a ellos les toque hacer lo mismo con sus propios hijos.

Un caso muy pertinente del Miedo en la vida de los superhéroes, es el de Batman[2]. Bruce Wayne era un niño que no le faltaba nada, sus padres eran cariñosos y honestos, que veían por el crecimiento de las personas, además de ser heredero de una enorme fortuna. El pequeño Bruce sabía que estaba protegido, sobre todo cuando fue rescatado por

2. Batman creado por Bob Kane. Propiedad de DC Comics.
Su primer aparición fue en Detective Comics #27 (Mayo de 1939).

su padre de una cueva plagada de murciélagos, los cuales eran su principal Miedo. Todo marchaba bien en la familia Wayne, hasta que aconteció una situación inesperada, el joven Bruce es testigo del asesinato de sus padres, quedando indefenso y con una enorme culpa. Afortunadamente no quedó desamparado, el cariño de su mayordomo lo ayudó a encontrar sentido a la vida.

El llamado a la aventura para Bruce Wayne llegó en el momento que no lo esperaba, sobre todo lamentable pero que generaría una serie de ideales que lo llevarían a tener una razón para vivir. El Miedo es quien empuja a Bruce Wayne para adentrarse en el camino que le tiene gratas sorpresas, pero al tener una inspiración para combatir el crimen de Ciudad Gótica, debería convertirse en un símbolo, un elemento que representara al Miedo, el cual debería ser un freno para todos los villanos. Surge Batman de lo más profundo del Miedo que envuelve a Bruce Wayne, el murciélago es el símbolo que la sociedad espera, él es el mismo Miedo y está dispuesto a compartirlo con todos los que provocan caos, pero también es el elemento que le recuerda a su padre, dándole una esperanza a Ciudad Gótica. El padre está aquí para protegerte.

Esto es simplemente ficción y Bruce Wayne pudo quedarse todo el tiempo en su mansión lamentando el hecho de la pérdida de sus padres. Afortunadamente no fue así y decidió entregar su vida a la aventura, pero con una finalidad, dar seguridad a las personas. No es tarea sencilla, al contrario, siempre estará rodeado de problemas que lo llevarán a nuevas travesías.

A diario surgen situaciones que no esperamos e inevitablemente tenemos que partir de nuestro sitio de confort, es *la etapa de prueba* según Campbell (1949), donde cada persona demuestra su valentía y se presenta como alguien competente para enfrentar los desafíos de la vida; si se quieren lograr más éxitos, entonces uno debe darle un lugar digno a su compañero el Miedo para que juntos caminen por un territorio desconocido, pero que serán capaces de conquistarlo. Puede ser que tristemente uno no le dé valor al llamado a la aventura, en estos tiempos lo que uno menos quiere es convertirse en héroe, así que no hay una respuesta porque no hay interés por cambiar las cosas. Entonces por Miedo, no se disfruta la estancia durante la época de escuela, o uno puede pasar la vida sentado en el mismo lugar de trabajo, aburrido, fastidiado, quejándose de que no sucede nada diferente.

Y por supuesto nada cambiará, si el pensamiento es mantener el trabajo sólo porque uno no cree en sí mismo, entonces lo más probable es que no pueda conseguir algo mejor, si lo vemos de manera radical uno mismo se condena a estar en el mismo lugar hasta el final, es como estar muerto en vida. Entonces los campos floreados se convertirán en desiertos y todo perderá significado, la casa que se construya será un laberinto sin salida, el cual será nuestra prisión permitiendo que nuestro fiel amigo el Miedo se burle de nosotros, se ría hasta el cansancio de no habernos dado la oportunidad de demostrarnos que somos capaces de ser felices. El futuro es incierto, pero uno puede establecer un rumbo estable, pero sin estar aferrados a que las cosas sean siempre igual, o lamentar las viejas épocas de gloria cuando no teníamos tantas preocupaciones.

El Miedo es parte de nuestra naturaleza al igual que el alma, o la *psyché* como la llamó Aristóteles; para este filósofo griego, el alma es donde se sitúa la explicación del fenómeno de la vida y es insoportable llenarla de dolor, porque entonces la vida misma ya no tiene sentido alguno para alguien que se oprime constantemente. Aristóteles decía que el alma es el razonamiento en el ámbito de los seres naturales: los vivientes y los no vivientes, como los clasificaban en la antigua Grecia. La emoción o *pathos* como él la nombraba, es algo que todos los seres humanos experimentamos en distintos momentos de nuestra vida, pero la emoción del Miedo no se provoca en el alma, ya que el alma no es la que se atemoriza ante una situación de riesgo, sino que es el ser humano con alma el que siente angustia, es decir, el Miedo es tan sólo un instrumento que sirve para hacer alguna cosa, es un detonador para lograr el éxito y encontrarse consigo mismo.

El ser humano con alma está dispuesto a enfrentar las adversidades que se presentan, seguir sus ideales logrando convertirse en una mejor persona; el Miedo no logra paralizarlo, lo enfrenta y caminan juntos para descubrir que todo lo que uno se propone lo puede lograr. Es importante saber el rumbo que se desea tomar en la vida, si no hay un destino claro uno puede perderse vagando por años sin tener idea de qué es lo que quiere hacer; mantener ideales firmes es un buen comienzo para enfrentar la aventura, cada día estos crecerán o tal vez cambien de forma, pero lo importante es que uno sea honesto consigo mismo, porque no es posible engañar al alma y al Miedo, ellos están para recordarnos quiénes somos y qué es lo que debemos hacer.

Durante años han existido cientos de héroes fantásticos, que son hombres y mujeres con el alma llena de deseos de convertirse en seres excepcionales, descubriendo que cada paso ha sido difícil darlo, pero que por su constante desempeño en lograr sus ideales han llegado a convivir con su Miedo, alcanzando la felicidad a pesar de todos las frustraciones a las que se han enfrentado. La historia

BASTA DE TENER MIEDO

de Luke Skywalker[3] en la saga de Star Wars (1977, 1980, 1983) es un claro ejemplo de la persona con alma que está dispuesta a seguir sus sueños hasta verlos hechos realidad, descubriendo que el Miedo es su aliado.

Luke Skywalker siempre soñó con ser un gran piloto, pero nunca pensó que llegaría a ser un Maestro Jedi[4] que continuaría con un legado de cientos de años, además de restablecer el orden en toda la Galaxia. Todas las condiciones se dieron para que este joven granjero diera el primer paso para adentrarse en un cambio de vida; hay una princesa en peligro que solamente él podría rescatar. La idea de salir de su casa para convertirse en piloto estaba frenada por el Miedo que sentía su tío Owen, quien creía que Luke se convertiría en un tirano si se alejaba de su cuidado, pero lamentablemente no podía retenerlo para siempre. Luke finalmente debe alejarse del hogar al ser asesinados sus tíos, enfrentar su Miedo no fue tarea fácil, pero eso lo llevó a conseguir mucho más de lo que él pudo haber imaginado. Se convierte en héroe y dueño de su propio destino.

---

3. Luke Skywalker es un personaje que representa el viaje del héroe en la saga de Star Wars (1977, 1980, 1983), creada por George Lucas. Star Wars es propiedad de Lucasfilm LTD.

4. En la saga de Star Wars un Jedi es miembro de una orden mística que estudia, utiliza y se sirve del manejo de energía luminosa conocida como La Fuerza. Su misión es mantener la paz y la justicia en la Galaxia.

LOS MIEDOS FELICES

En ocasiones nuestros ideales están frenados por el Miedo de otras personas, inconscientemente los volvemos parte de nosotros, cargando frustraciones que no nos corresponden. Cada persona debe analizar cuál es su Miedo, reflexionar sobre lo que lo atormenta y seguir el camino que se desea recorrer, al final está en cada uno ser felices y no podemos obligar a los demás a serlo, es una situación individual en la que cada quien tiene un proceso diferente, la felicidad que le demos a nuestro Miedo cuando vemos que hemos llegado a una meta nos ayudará a tener más valor para plantear nuevos ideales y seguir adelante con seguridad de que estamos haciendo lo que nos motiva a vivir.

En las dos historias expuestas, tanto en la de Batman como en la de Luke Skywalker hay un punto de similitud narrativa: la muerte de familiares, quienes eran las figuras paternas que tuvieron que despedirse de manera fatal para que el héroe pudiera recorrer un sendero hacia la felicidad. Ambos personajes lamentaron esta pérdida, pero el Miedo a la muerte fue quien los ayudó a querer cambiar su entorno, a convertirse en personas con un alma llena de satisfacción por lograr sus sueños; sus familiares estarían orgullosos de ver lo que su ser querido alcanzó con esmero.

La muerte es cambio y éste siempre infunde temor, esto lo comenta Johann Christoph Arnold en su libro

BASTA DE TENER MIEDO

"No tengas Miedo" (2011), menciona que mientras no admitamos este temor, no podremos aceptar el desafío que se nos plantea. La sensación de seguridad no podrá experimentarse hasta que no admitamos que la muerte es parte de la vida. Es una realidad cruda el perder a alguien, se necesita mucha fuerza para afrontarlo con sinceridad. El Miedo a la muerte nos debilita, nos hace vulnerables sintiendo la desesperación que la soledad provoca en nuestro cuerpo. En ocasiones estamos presionados socialmente de tener una rápida recuperación en los procesos de duelo y luto, que cubrimos nuestro dolor con una cara de alegría falsa, lo cual será aún más complicado ya que sólo se están reprimiendo los sentimientos en silencio.

A veces creemos que llorar nos muestra ante los demás como personas débiles, por eso no logramos tener un duelo honesto con nuestra alma y con nuestro Miedo, cada persona debe tomar el tiempo que necesite para sanar el dolor y aceptar la ausencia que estará presente hasta que nosotros tengamos que despedirnos también.

El Miedo, como se mencionó con anterioridad, le gusta tomar varias personalidades, en estas situaciones se disfraza de cobardía, la cual no nos permite reflexionar sobre el dolor que nunca desaparecerá, por muchas actividades que le sobrepongamos, pero que es posible seguir adelante con él, sobre todo si aceptamos que el ser querido ha cumplido con el tiempo que se le asignó en este lugar.

La gente podrá creer que somos cobardes por no superar rápidamente la muerte de alguien, pero el Miedo a que los demás se sientan incómodos con nuestra situación no es de nuestra incumbencia, cada quien sabe lo que tiene adentro y cómo lo siente, así que el Miedo a que muera alguien que amamos nos puede fortalecer para aceptar que cada uno debe cumplir los retos que se le presenten. Tratemos de no dejar nada pendiente, porque ciertamente, Bruce Wayne y Luke Skywalker no tuvieron la oportunidad de decirle adiós a sus amados familiares, pero nosotros, ahora tenemos la oportunidad de hacerlo, porque aún estamos aquí.

Cuando comenzamos una nueva aventura nos sentimos desamparados, como huérfanos, sin la fuerza de la mano de nuestros padres para sujetarnos al dar pasos frágiles por el sendero irregular que apenas estamos conociendo. Esta sensación de indefensa es normal para todos, el Miedo a viajar solos es momentánea, desaparecerá al volvernos parte de un nuevo panorama, que siempre tendrá oportunidades para ser felices, pero debemos estar atentos para descubrirlas.

BASTA DE TENER MIEDO

La sensación de apreciarnos huérfanos es el inicio del viaje del héroe, es parte del inconsciente colectivo; son arquetipos que están presentes en nuestra vida diaria. El término arquetipo se refiere a los grandes símbolos de poder que están en función de la memoria genética, esto fue expuesto por Carl Gustav Jung (1919), para explicar que todos los seres humanos experimentamos en diferentes etapas de nuestra vida una influencia dominante de acciones y pensamientos en diversos eventos para reflexionar sobre la transformación de nosotros mismos.

Cuando avanzamos por caminos desconocidos nos sentimos abandonados, pero el Miedo está ahí con nosotros, sólo que en ocasiones no queremos escucharlo, porque estamos tan asustados de vivir en completa soledad que no vemos las oportunidades que se están presentando para obtener ayuda y compañía en nuestra travesía. El Miedo simplemente nos menciona que siempre habrá alguien que está dispuesto a acompañarnos en nuestro viaje fantástico: un mago, un guerrero y un amante vienen a nuestro lado.

Cuando uno abandona el hogar, metafóricamente hablando, es cuando nos movemos de nuestra costumbre rutinaria, lo que nos da comodidad y seguridad; porque el permanecer mucho tiempo ahí sólo provocará que se esté endureciendo al alma al hacerla olvidar los ideales por los que se ha luchado, es por eso que debemos emprender nuevas aventuras constantemente. Los arquetipos que menciona Jung siempre están presentes en nuestra vida diaria, compartiendo la esperanza de que nuestro Miedo sea feliz con nosotros; es por eso que debemos sacarlo a la luz para que disfrute de los beneficios que obtenemos al tomar riesgos al desear transformarnos en personas que aceptan su realidad.

1.2. La travesía con el Miedo

El huérfano cree que está desamparado por enfrentar una desilusión que pone en peligro su vida, pero al emprender el viaje conocerá personas, lugares y situaciones que lo harán portador del título de héroe, no sólo para traer paz a su comunidad, sino para que él la encuentre en su interior. Jung (1919) menciona que durante el viaje del héroe puede acompañarnos un mago que nos ayudará a entender que el Miedo obedece a nuestras decisiones, que es nuestro fiel escudero que nos apoya para que logremos el triunfo por medio de nuestra inteligencia creativa.

El héroe está rodeado de magia en toda su aventura. Es acompañado por alguien que la conoce y la domina, el arquetipo del mago es aquel símbolo que nos recuerda que el espíritu es el que manda sobre el cuerpo; la esperanza, la compasión y el perdón logran que el Miedo obtenga paz y se reconcilie con los momentos amargos del pasado. El mago es alguien incondicional que valora la vida del héroe, nosotros mismos también debemos valorar nuestra propia existencia, conocernos a nosotros mismos logra consolidarnos en una personalidad luminosa, ya que utilizamos la energía del Miedo en algo útil para sanar las viejas heridas que no nos permiten disfrutar de nuevas experiencias.

La representación del mago la encontramos en diferentes narrativas, pero su función es la misma, llevar al héroe a encontrar su felicidad para que sea digno de ocupar el lugar que le espera en el universo. Merlín[5]. Gandalf[6], Obi Wan Kenobi[7] y Albus Dumbledore[8] son un ejemplo de la presencia mágica que rodea al huérfano, el mago es quien logra adentrarlo a presenciar fuerzas sobrenaturales que llevan su espíritu a dominar su Miedo ante la incertidumbre de la aventura. La apariencia con la que estos personajes se presentan es de una persona vieja, que da seguridad por la experiencia adquirida, con la intensión de compartir todo lo

5.El mago Merlín es un personaje que aparece en la historia escrita por Geoffrey de Monmouth (1136) donde narra la leyenda del Rey Arturo.

6.Gandalf es un personaje creado por JRR Tolkien para las novelas de The Hobbit (1937) y The Lord of the Rings (1937 – 1949).

7.Obi Wan Kenobi es un personaje creado por George Lucas para la saga de Star Wars (1977)

8.Albus Dumbledore es un personaje creado por J.K. Rowling para las novelas de Harry Potter (1997).

que sabe con el héroe temeroso, demostrándole que está ahí para impulsarlo hacia la grandeza del conocimiento y la reflexión. A veces es necesario que el mago de su propia vida por el joven aventurero, no para que el Miedo se vuelva más grande, sino para demostrarle que la magia está en él, que tiene la capacidad de sobrevivir por sí mismo y transformar su interior en un campo fértil que da frutos de satisfacción.

La aventura continúa, en este momento el héroe sabe hacia dónde debe de ir, qué camino tomar y sobre todo la misión que debe de cumplir. Las personas que estamos envueltas en una situación de caos debemos tomar calma y comenzar a poner orden a todas las ideas que cruzan por la cabeza, es muy complicado resolver todo al mismo tiempo, así que el Miedo puede ayudarnos a ver las prioridades, dando un paso a la vez. Pensar cada cosa a su tiempo puede ayudarnos a tener más soluciones ante los problemas, teniendo más seguridad de que la respuesta que demos a la situación es la óptima.

El estar calmados y tener controlado al Miedo nos permite admirar del paisaje cotidiano, que en ocasiones se nos olvida observar los pequeños detalles que la vida pone ante nosotros, la grandeza de la noche cubierta por brillantes estrellas, la sonrisa de un niño al compartirle nuestro tiempo o los ojos luminosos del ser amado; el Miedo puede tener paz al ser partícipe de tan grandes bellezas, pero si lo marginamos por querer salir de un mar de problemas, el Miedo tomará la personalidad de la desesperación y nos hará creer que puede multiplicarse en miles de ellos.

La desesperación nos lleva a vivir con prisa, opacando los sentidos, nublando la razón, es por eso que no encontramos soluciones adecuadas para resolver nuestros conflictos internos; cometemos errores que en vez de ayudarnos pueden empeorar la situación. La desesperación juega con nuestros pensamientos que no tienen orden, viajan a alta velocidad con el riesgo de que choquen entre ellos y comiencen a imaginar cosas que quizá nunca vayan a suceder, pero que desafortunadamente damos por hecho.

Cuando estamos desesperados le damos forma al Miedo, ya sea que la oscuridad nos aterrorice o que nunca descubramos lo qué es el amor. Debemos ser honestos con nosotros mismos, admitir que nos sentimos amenazados y analizar si la situación es real o simplemente estamos envenenándonos a cada instante. ¿Qué forma tiene el Miedo? La respuesta está en cada uno, como la magia que vive en el espíritu del héroe; solamente reflexionando podremos descubrirlo, quizá la forma que le otorguemos a nuestros temores son la idea de no ser tomados en cuenta,

LOS MIEDOS FELICES

de creer que no se es nadie importante o que estaremos abandonados para siempre.

Dentro de la historia fantástica de Harry Potter[9], en la tercer novela de J.K. Rowling "El Prisionero de Azkaban" (1999), durante el tercer año escolar, en la clase del Profesor Remus Lupin[10], los estudiantes de magia tienen el desafío de enfrentar a una criatura llamada "boggart"[11], la cual adopta la forma del peor Miedo de quien la observa. La manera de actuar del boggart es confundir la razón del espectador, creer que en realidad es el mismo Miedo quien se manifiesta físicamente. Nadie sabe en realidad que forma tiene un boggart, simplemente se parece a él cuando está solo, ya que al instante de ser observado por alguien tomará la forma de su temor más profundo.

El boggart puede ser controlado por un encantamiento de combate llamado "Riddikulus", pero se necesita tener una mente fuerte y mucha concentración para lograrlo. El movimiento de la varita al realizar el

9.Harry Potter es un personaje creado por J.K. Rowling, su primera aparición es en la novela "Harry Potter and the Philosopher´s Stone" (1997)

10.Remus Lupin es un personaje creado por J.K. Rowling, su primera aparición es en la novela "Harry Potter and the Prisoner of Azcaban" (1999)

11.Boggart es una criatura fantástica que aparece en la novela "Harry Potter and the Prisoner of Azcaban" (1999), escrita por J.K. Rowling.

encantamiento no es suficiente para derrotar a un boggart, la manera correcta de hacerlo es realizar el encantamiento más allá del Miedo mismo, al punto de cambiar su aspecto por una forma divertida; el encantamiento no repele a la creatura, simplemente el espectador cambia su forma al inspirarse en un momento feliz que provoque una gran carcajada cómica. Es la única manera de enfrentarlo y no ser lastimado por él.

Cuando Harry Potter tiene la oportunidad de encarar al boggart, no tiene idea de cuál será la forma que tomará. Éste se transforma en un "Dementor"[12], una creatura oscura considerada una de las más viles que habitan en ese universo. Un Dementor se alimenta de la felicidad de las personas, causando depresión y desesperación, además de consumir el alma, dejando a sus víctimas en un estado vegetativo permanente. El boggart al asumir esa forma no tiene la misma fuerza que un Dementor real, es simplemente una imitación.

Harry Potter ya había tenido contacto con un Dementor, experimentó la amenaza insoportable de perder la felicidad, es por esa razón que el boggart se muestra

---

12. Dementor es una creatura ideada por J.K. Rowling, su primera aparición es en la novela "Harry Potter and the Prisoner of Azcaban" (1999)

de esa manera. En sí, Harry Potter no tiene temor a los Dementors, sino que su Miedo más profundo es al mismo Miedo. Al quedar paralizado ante la imagen que se presenta ante él, su mentor, el Profesor Lupin lo rescata aplicando el conjuro de Riddikulus, regresando al boggart a su caja, donde en la oscuridad retoma su forma original desconocida por todos.

¿Sabemos realmente a qué le tenemos Miedo? Tal vez sea la misma situación que el boggart, no sabemos qué forma tiene pero estamos conscientes que ahí está, en cuanto lo dejemos salir tomará las formas más aterradoras de todas. Por eso debemos reflexionar sobre la situación que nos amenaza, porque posiblemente es nuestra imaginación la que está creando escenarios, inventando historias que no sucederán. Podemos pensar que nuestros problemas son los más grandes del mundo y quizá sea cierto, pero siempre hay una manera de solucionarlos, pensar de manera objetiva y calmada evitará que estemos imaginando formas que tan sólo son una imitación de nuestro Miedo.

Pensando positivamente en lo que en verdad nos hace felices puede darnos fuerza para continuar nuestro viaje del héroe, si estamos ahogados en nuestros temores, lo más seguro es que toda la misión fracase, nos perderemos en el camino tomando rutas que nos alejan de la felicidad.

BASTA DE TENER MIEDO

Lamentablemente el Miedo seguirá ahí con nosotros, tomando las formas más espantosas que podemos imaginar; al igual que un Dementor, el alma se estará consumiendo poco a poco, perdiendo su brillo ante la vida, muriendo cada segundo, simplemente ya no habrá nada que motive el seguir con vida. Pero de igual manera como Harry Potter fue rescatado de la imagen de su Miedo, también nosotros podemos ser ayudados por nuestros compañeros de viaje.

El mago nos ha enseñado que existe la magia adentro de nosotros, capaz de transformar nuestro entorno en un sitio maravilloso lleno de esperanza, adquiriendo conocimiento y experiencia para que cada vez el Miedo nos atormente menos y podamos ser libres para alcanzar la felicidad. Pero también nos acompaña un guerrero, con sed de triunfo, ayudando al héroe a conseguir el éxito de su misión. El guerrero como arquetipo es la representación del valor. Jung (1919) lo menciona como alguien heroico quien afirma nuestra identidad en el mundo, su espíritu vive del compromiso, se alimenta de la veracidad y es capaz de enfrentar los rigurosos retos que se presenten a lo largo de la travesía.

El guerrero que está acompañándonos en nuestra aventura está dispuesto a convertir el mundo en un lugar especial, digno para vivir como uno desea hacerlo. La tranquilidad con la que se puede ir transformando nuestro espacio es por la constante renovación y disciplina que tengamos. El guerrero es responsable de lo que sucede en su mundo, es noble y humilde, su espíritu se engrandece cada día, ya que es lo que lo alimenta, más que la fuerza física. Tener ideales firmes y ser constantes para alcanzarlos es una tarea que implica paciencia, estar conscientes que las cosas no pueden cambiar de la noche a la mañana, pero que en algún momento todo será diferente.

El aspecto físico del guerrero no siempre debe ser imponente, grande o musculoso, la bondad que emana de su alma es suficiente para ordenar las situaciones, con la mentalidad de impulsar a que el héroe se convierta en el protagonista de su propio destino. El caso del personaje del Espantapájaros[13] en la historia del Mago de Oz (1900) nos recuerda que la inteligencia y la disciplina son los principales factores para ser valientes. Cuando Dorothy[14] llega a la maravillosa tierra de Oz, su único pensamiento es el volver a casa en Kansas, en su aventura por conseguirlo se encuentra con el Espantapájaros quien será uno de sus compañeros de viaje. Este personaje le es fiel a la niña que

---

13. El Espantapájaros es un personaje creado por Frank L. Baum para la novela "The Wonderful Wizard of Oz" (1900)

14. Dorothy es un personaje creado por Frank L. Baum para la novela "The Wonderful Wizard of Oz" (1900)

desesperadamente intenta resolver el enigma de cómo volver con su familia. Esta confianza se logra por la mutua relación que existe entre estos dos fantásticos seres, que si lo pensamos, es la congruencia entre los deseos y las acciones.

El Espantapájaros desea tener un cerebro para poder pensar, pero no es hasta el final que se da cuenta que todo lo que hace es siempre de una forma inteligente, la manera paciente y constante de llevar a cabo sus metas permiten que el Miedo no lo controle, siempre piensa de manera positiva y no descansa hasta ver sus logros realizados, es un motor que ayuda a Dorothy a regresar sana y salva a casa. El Espantapájaros es fiel a la niña, pero sobre todo se es fiel a sí mismo, sabe cuáles son sus virtudes y sus limitantes, sabe ser disciplinado para dar cada paso con seguridad.

El Miedo frena nuestro avance para conseguir nuestros logros, nos hace creer que no somos lo suficientemente buenos para merecer beneficios en la vida. El Miedo una vez más toma un disfraz y juega con nuestros sentimientos, el atuendo de queja es utilizado para lamentar la situación en la que desafortunadamente nos encontramos, pero que no hacemos nada por mejorarla, mucho menos tener la intención de huir de ese lugar.

Quejarnos no ayuda en mucho, si es que esa fuerza no la utilizamos para aspirar a algo mucho mejor. No debemos ser conformistas, pero de igual manera que el Espantapájaros, debemos conocer nuestros límites, tener conciencia de que hay cosas que no podemos hacer, pero que sí poseemos la capacidad de encontrar la felicidad con lo que nos rodea. La inteligencia con la que contamos es suficiente para hacer las cosas bien, realizar las labores que se nos han encomendado en nuestra existencia, pero también nos ayuda a querer superarnos, para que cada día lo poco que se logre se manifieste de forma grandiosa ante nuestros ojos, comprobando que el Miedo fue tan sólo un factor que nos ha ayudado a conseguir la satisfacción propia.

¿Hacia dónde queremos dirigirnos? Esta pregunta nos ayuda a tener un punto de partida honesto, ver las posibilidades para llegar hasta la meta depende de cada persona. Los factores que se interpongan en el camino no está en nuestras manos controlarlos, pero aún así, no hay manera de que algo nos detenga para conseguir lo que deseamos. Si alguien quiere convertirse en un excelente profesionista, entonces debe ser congruente entre sus pensamientos y sus acciones; prepararse constantemente y dedicar el tiempo necesario para adquirir conocimiento, esto permite que el Miedo no se convierta en queja, ya que simplemente estará ahí desafiando los retos que se presentan para ambos. Las condiciones ideales no existen, así que quejarse de la manera en como están distribuidas las cosas sólo ayuda a frustrarse y tener un consuelo propio que constantemente estará recordándonos que si fracasamos en la misión fue porque nosotros mismos quisimos fracasar.

Pero aún la aventura continúa, no hay que darse por vencidos, falta mucho por caminar, pero el sendero que se ha recorrido nos ha hecho ver que ha valido la pena el cambiar, el querer transformarnos en excelentes personas; cada día encontramos la felicidad, aún en los momentos difíciles, ya que ellos permiten que el Miedo sea tan sólo nuestro aliado, que disfruta de los beneficios que la vida nos otorga. Sentirse merecedor de estos triunfos llenará de alegría y felicidad nuestro entorno y a la gente que nos rodea. Porque si uno cambia, todo cambia; las personas cambian y se transforman también en seres felices.

En esta travesía también nos acompaña nuestro amante, el amor y la pasión por querer hacer las cosas de manera diferente. Sentir amor en nuestra vida nos lleva a la plenitud, a ver que las cosas por muy complicadas que estén tienen una solución. El amante, como arquetipo está siempre en una encrucijada, pero sabe usar de manera digna el libre albedrío. Jung (1919) menciona que el amante está comprometido con la pasión, toma las decisiones más acertadas y se hace responsable de ellas.

El amante utiliza el amor para conquistar lo que quiere, pero no de forma individual, más bien con el compromiso de unificar todo lo que le llena de felicidad. Sus acciones tienen repercusiones y está consciente de eso; está en una constante búsqueda de caminos que refuercen el amor por la vida. Es sabio, el amante sabe escuchar a su corazón, su sentido de intuición es agudo para tomar decisiones correctas y contagiar de pasión a sus seres amados.

Los amantes se encuentran en todos lados, los descubrimos en diferentes narrativas, desde la trágica historia Romeo y Julieta de William Shakespeare (1595), hasta la ridiculización del matrimonio en occidente con Homero y Marge Simpson[15]. El sentir y transmitir amor es una virtud del ser humano, se podría pensar que el universo está compuesto por dualidades; en nuestra didáctica social e histórica podemos comprender que el amor es el antagónico del Miedo, ya que este nos lleva a vivir en plenitud. Este sentimiento que desprendemos las personas, necesita y

---

15. Homero y Marge Simpson son personajes creados por Matt Groening para la serie animada "The Simpsons". Los derechos son propiedad de Fox Broadcasting Company.

busca el encuentro con otro ser que lo corresponda, la atracción hacia alguien espera la reciprocidad para formar una unión y alegrar nuestro existir.

El amante suele tener una carga energética muy grande de buenas intenciones, que permite la convivencia y la comunicación con los demás, pero sobre todo puede llevarnos a experimentar y ser partícipes del milagro más grande de la vida, la creación de un nuevo ser. "El amor todo lo vence"[16], es una frase que hemos escuchado en varias ocasiones, pero si la analizamos nos daremos cuenta que es cierta, cuando nos sentimos comprometidos con algo logramos disponer de todos los medios posibles para que ese sentimiento sea cada vez más grande. El amante hace todo con dedicación, estando seguro de que al final todo saldrá bien.

El Miedo ante el amor no puede hacer mucho, está prácticamente como un espectador silencioso ya que la energía que desprende es muy lenta a comparación de la que el amor puede mover. Es mejor ser amantes de lo que nos corresponde hacer, eso es principalmente el instinto de conservación, es el motivo por el que uno desea vivir. El Miedo hace su parte cuando ve que todo está en perfecta

16.Máxima de San Agustín que retoma de Virgilio y sus Bucólicas, después fue expresión popular.

armonía, no le gusta estar quieto viendo cómo el amor es quien se lleva los aplausos, es por eso que se disfraza nuevamente para engañarnos ante toda la maravilla que presenciamos, ahora toma una personalidad como la duda.

La duda hace tambalear al amante, lo engaña para tomar decisiones, creando juicios equivocados ante la situación que debe enfrentar. Las creencias en el amor pueden debilitarse, ya que la incertidumbre que está envolviendo al corazón del amante vacila con respecto a la veracidad de las cosas. Entonces es necesario que se quiten esas capas que oscurecen al sentimiento del amor para volver a llenarlo de felicidad y descubrir lo que realmente genera la pasión por tener equilibrio en nuestra vida.

La historia de Marty McFly[17] en la cinta de Robert Zemeckis "Volver al Futuro" (1985), nos cuenta cómo el amor logra salvar todos los obstáculos, a pesar de ir en contra de toda la ciencia. El viaje en el tiempo es un tópico que nos hace pensar si eso es posible realizar, en ocasiones deseamos regresar en nuestra vida para corregir los errores que cometimos, los cuales siguen doliendo con el paso del tiempo.

---

17. Marty McFly es un personaje creado para la película "Back to the Future" (1985). Los derechos son propiedad de Universal Studios y Amblin Entertainment.

BASTA DE TENER MIEDO

Marty McFly tuvo la oportunidad de lograr experimentar el viaje en el tiempo, desaparecer, quizá por algunos instantes, de 1985 y regresar 30 años en el pasado. Aunque Marty no tenía ningún conflicto propio que resolver en ese tiempo, el destino le puso un reto enorme: hacer todo lo posible para nacer. Por un encuentro inesperado en el pasado, Marty es responsable de que sus padres no se conozcan, por lo tanto ahora su vida, o mejor dicho, su futura vida está en riesgo.[18]

Durante su estancia en 1955, Marty McFly descubrió el valor de la vida, el Miedo de no nacer y no volver a ver a su novia Jennifer lo impulsó a seguir sus corazonadas, dejándose llevar por el poder del amor. El amor y respeto por su vida le valieron para generar un sentimiento más grande, que fue el motivo por el que sus padres se conocieran y se enamoraran. La manera de ser de sus futuros padres eran tan distintas entre sí que eso es lo que logró tener un encuentro romántico, los opuestos se han unido y el futuro de Marty está seguro en 1985.

18.En la historia de "Back to the Future" se hace un planteamiento de la relatividad y el entrecruzamiento de los llamados "universos paralelos" que es una metáfora científica que discute la alteridad del tiempo en la díada de acción- reacción.

LOS MIEDOS FELICES

El poder del amor es inmenso, para algunas religiones es el mismo Dios quien está formado de esta esencia, permitiéndonos ser semejantes a Él, cuando descubrimos que podemos tener la capacidad de darle vida a un hijo. El tener amor en nuestra vida es el arma más poderosa para olvidarnos del Miedo que tenemos en nuestra realidad. Con la falta de amor nada tiene significado alguno, las cosas son monótonas, la gente es un estorbo y cada situación problemática que surja, por mínima que sea, puede convertirse en el mismo infierno.

El deseo de hacer algo por sí mismo, llevó a Marty McFly para convertirse en un verdadero amante, logró que sus padres descubrieran que podían hacer cosas maravillosas si se lo proponían; la felicidad se convirtió en un círculo que encerró a toda la familia McFly, e incluso afectó de manera favorable a más gente que los rodeaba. Al igual que él, nosotros podemos vencer la duda con la que el Miedo surge, si estamos convencidos de qué queremos hacer por nosotros mismos, entonces no habrá ninguna barrera que no se pueda derribar para continuar adelante.

No necesariamente el amor radica en la convivencia de pareja y en la consumación de procrear un hijo, el amor está más allá de nuestra comprensión humana y lo experimentamos en cada momento del día. Un hijo puede ser el adquirir un título profesional, la construcción de una casa o generar un negocio en el que nos dediquemos por gusto.

La felicidad que provoca el tener amor por lo que deseamos hacer, es una pasión que contagia a muchas personas a nuestro alrededor, las cuales se admirarán de lo que hacemos al sentirnos seguros de amar sin condicionantes.

Atravesando el umbral, el héroe sigue su aventura. Comenta Campbell (1949) que ha de moverse entre paisajes poblados de sueños y formas curiosamente fluidas y ambiguas, en donde pasa una serie de pruebas. Como vemos, somos héroes cada día y somos ayudados por nosotros mismos mientras nos adentramos más a regiones desconocidas. Es ahora el momento de reconocer que tenemos Miedo, pero sabemos que no puede hacernos daño, que está ahí desde el principio, hablándonos sobre lo que nos corresponde hacer durante nuestro viaje fantástico.

El héroe ha pasado varias pruebas de manera victoriosa, ha escalado altas montañas, ha peleado con seres malignos dispuestos a terminar con su vida, ha navegado por aguas peligrosas donde habitan creaturas destructoras. Uno quizá no lo perciba de esta manera, pero comenzar una nueva tarea en la vida es enfrentar los retos que están poniendo a prueba nuestra inteligencia y espíritu por conseguir el éxito. Todo lo aprendido nos ayudará a encontrar el tesoro escondido por el que hemos estado esforzándonos, enfrentarnos al poderoso dragón hasta darle muerte y rescatar a la doncella en peligro. Entonces, y sólo hasta entonces trascenderemos como seres de luz, teniendo el poder para regresar a casa llenos de gloria y tomar el lugar de reyes que nos corresponde.

No hay mayor felicidad que saber que el Miedo ha estado todo el tiempo a nuestro lado y está orgulloso del riesgo que tomamos al emprender este viaje lleno de retos. El Miedo está completamente agradecido de hacerlo partícipe de la felicidad que hemos conseguido.

1.3. El regreso victorioso

Como lo ha mencionado Joseph Campbell (1949), cuando la misión del héroe termina, el aventurero debe regresar a casa con su trofeo transmutador de la vida. El ciclo está completo, el héroe tiene ahora en sus manos la labor de traer los misterios de la sabiduría, la responsabilidad de compartir sus conocimientos y tomar el trono al que se ha hecho merecedor. Es ahora un gobernante con valor, capaz de dirigir a su pueblo con justicia, estando al pendiente de que todo marche en completa armonía.

BASTA DE TENER MIEDO

El héroe se ha convertido en gobernante, y como lo describe Jung (1919), es el arquetipo que surge cuando sucede una crisis y ésta ha sido resuelta. El gobernante considera todos los factores causantes del problema haciendo una reflexión completa de la situación, sobre todo cómo se encontró la solución y procurando no volver a cometer los mismos errores. En esta etapa cuando el héroe es quien está al frente de su pueblo, se transforma a sí mismo para asumir el poder y la responsabilidad de convertirse en gobernante de su propio reino, que también se ha transformado porque él mismo lo ha querido cambiar.

La satisfacción de llegar a la meta, de darnos cuenta que nada ha sido fácil, pero que todo ha valido la pena para conseguir el éxito, nos provoca felicidad. El Miedo que está en nosotros se ha vuelto feliz también, pero es necesario que compartamos el tesoro encontrado con nuestro reino, porque quizá entonces el miedo se disfrace de egoísmo y nos lleve a tener un reinado de tiranía y oscuridad.

El Miedo no puede estar quieto por mucho tiempo, siempre estará buscando la manera de movernos a una nueva aventura. Si no compartimos el conocimiento adquirido, el egoísmo hará que nos olvidemos de los demás, solamente veremos por nuestro propio interés y estaremos envenenando al espíritu con el temor de perder el poder que hemos conseguido.

El gobernante debe renacer y renovarse continuamente o terminará convirtiéndose en un ogro tirano, aferrado a sus dogmas y sus viejas verdades, lo cual lo llevará a la destrucción total de su reino, es decir, de su propio destino. Si pierde el sentido de integridad y comienza a sentirse incómodo con los desafíos que la vida actual le presenta, entonces deberá volver a embarcarse en una nueva travesía.

Al principio es posible que al ocupar nuestro trono se sienta desaliento por el estado en el que encontramos el territorio de nuestro reino, pero a medida que se actúe con una nueva sabiduría, cada vez seremos más fieles con nuestros ideales, ya que desde lo más profundo de nuestra alma encontraremos el sentido de identidad que nos hace únicos, entonces podremos ver que el terreno comenzará a producir frutos en abundancia.

Ahora todo tiene más sentido, nuestros pensamientos están ordenados, sabemos qué es lo que queremos y cómo lo podemos conseguir, el Miedo hace que todo se convierta en caos, y eso es normal, pero sabemos que nuestra felicidad puede con eso, ya que ante los problemas que se nos presenten podemos usar medios constructivos para resolverlos, siendo honestos con nosotros mismos; ya que sabemos cuáles son nuestras limitantes y habilidades. La respuesta que demos será sincera, es la total responsabilidad por la vida misma, la cual ahora tiene control y rumbo fijo, aunque en el camino se presenten pequeños senderos de aventuras que nos ayuden a engrandecer nuestro espíritu, dándole felicidad a nuestro Miedo para que permanezca como nuestro fiel acompañante.

El héroe está en la búsqueda de un tesoro escondido, con el cual debe regresar a casa para compartirlo con su pueblo. Pero en ocasiones el tesoro es mucho más grande que el cofre de monedas que es descubierto en una isla desierta, encontrar el valor de la vida es el tesoro más grande que uno puede tener; como le sucedió al arqueólogo más famoso de las cintas de acción: Indiana Jones[19].

El Dr. Henry Walton Jones, Jr. es mejor conocido como Indiana Jones, el cual es un personaje que representa al héroe aventurero en busca de tesoros perdidos. Este arqueólogo ha estado involucrado en varias aventuras fantásticas y místicas, en las cuales ha descubierto al Arca

---

19. Indiana Jones es un personaje creado por George Lucas y Steven Spielberg para la cinta "Raiders of the Lost Ark" (1981). Derechos de Lucasfilm LTD., Amblin Entertainment y Paramount Pictures.

de la Alianza y el Santo Grial, pero estos artefactos han sido poco importantes cuando descubre que su vida es valiosa e importante para los que lo rodean.

En la película "La Última Cruzada" (1989), durante la búsqueda del Santo Grial, Indiana Jones llega a tener una mejor relación con su padre, ya que al parecer durante años ninguno se dio la oportunidad para compartir sus gustos, haciéndole saber al otro lo que lo motivaba a vivir; de hecho, Indiana se puso ese sobrenombre para no utilizar el mismo nombre de su padre, Henry; quien al valiente arqueólogo siempre lo llamaba "junior".

Indiana Jones al ser humilde de espíritu, logra identificar, entre muchos otros, cuál es el Santo Grial utilizado por Jesús en la última cena; en ese momento está frente a dos desafíos: el Miedo a beber de la copa incorrecta y morir inmediatamente, el segundo es el Miedo por salvar la vida de su padre, quien ha sido herido por una bala a quemarropa. El primer desafío logra superarlo al momento en que su Miedo le permite activar su intuición, sus conocimientos lo llevan a seleccionar la copa correcta, en la cual deberá llevar agua para sanar la herida de su padre. Instantes más tarde, con la esperanza de encontrar a su padre aún con vida. Indiana Jones utiliza su Miedo para tener fe en que todo saldrá bien.

BASTA DE TENER MIEDO

La vida de Henry está a salvo, pero un terremoto comienza a destruir el lugar donde se suscita esta odisea; un enorme boquete se abre a los pies de los aventureros, por el cual cae el Santo Grial; tanto esfuerzo por encontrar tan preciado objeto está a punto de escurrirse entre las rocas que se pierden hasta el centro de la tierra, posiblemente el regreso a casa será con las manos vacías.

El artefacto divino queda atorado en una parte del barranco que se está formando por el movimiento de la tierra, parece que es posible rescatarlo pero la vida queda en riesgo para quien lo intente. En ese momento, la Doctora Elsa Schneider[20], arqueóloga y agente secreto del partido Nazi, es la primera en querer recuperarlo; su Miedo por perder tan invaluable trofeo la lleva a cegarse ante el riesgo que corre al estirarse para tomarlo entre sus manos. La Doctora Elsa cae y es sujetada por Indiana Jones, quien perdona la traición que ella le hizo, pero por más que él le pide se olvide del Santo Grial, Elsa está segura que puede recuperarlo. Es inevitable, ella cae perdida por la ambición, desapareciendo para siempre de la vista del alterado arqueólogo.

20.Dra. Elsa Schneider es un personaje creado por George Lucas y Steven Spielberg para la cinta "Indiana Jones and the Last Crusade" (1989). Derechos de Lucasfilm LTD., Amblin Entertainment y Paramount Pictures.

LOS MIEDOS FELICES

Después es el turno de Indiana por querer llevarse el trofeo consigo, pero la situación es exactamente la misma que con la Doctora Schneider, pero ahora es su padre quien lo toma de la mano para sacarlo del abismo. Henry desesperadamente le pide a su hijo que deje ir la copa sagrada, ya que no es tan importante como su vida. Es entonces cuando los dos se dan cuenta que el objeto no es el tesoro.

Diciéndole "junior" a su hijo, este no hace caso, el arqueólogo sigue esforzándose por algo que prácticamente está perdido; es hasta que Henry lo llama "Indiana", hasta entonces es cuando pone atención a la situación peligrosa en la que está envuelto.

Los dos personajes sienten Miedo por motivos diferentes, perder algo por lo que se ha vivido, pero cuando descubren que el Santo Grial fue tan sólo un medio para unirlos, el tesoro más grande con el que volverán a casa es saber que pueden compartir su vida con los demás. Valorar la vida propia nos permite descubrir que es valiosa también la de otros.

Al igual que Indiana Jones somos buscadores de tesoros, lo que estamos deseamos encontrar es la felicidad y ésta la podemos ver representada en algún objeto, quizá en alguna persona e incluso en alguna situación, pero la felicidad es más grande que eso, es un sentimiento que ilumina nuestro corazón y nos da la fuerza para tener control de nosotros mismos, permitiendo tener orden en nuestras labores diarias, sin agobiarnos, disfrutando de lo que hacemos y de las personas que están cercanas a nosotros.

Cuando el Miedo se convierte en ambición, nos deja en un túnel oscuro donde sólo vemos la luz al final, no nos preocupamos por otra cosa más que por alcanzarla por intereses propios, llenarnos de poder absoluto; pero de poco sirve si no se comparte con los demás. Cuando el arquetipo del buscador está en conexión con el del gobernante, menciona Jung (1919) que se experimenta la libertad en el espíritu para mejorar el estilo de vida que se tiene. El héroe busca su identidad, su lugar en el mundo, se presenta humilde ante los demás, tal y como es, sin máscaras y sin engaños. La ambición no lo vence, prefiere compartir su felicidad con su pueblo para que en una simbiosis la energía positiva los alcance a todos y puedan vivir en un perfecto equilibrio emocional.

La oscuridad no debe cubrir al espíritu del gobernante, porque se encontrará amenazado por dragones que posiblemente no existan más que en su imaginación, perder el poder lo lleva a cegarse, reprimiéndose a su realidad; es entonces que verá su mundo exterior, y sobre todo el interior, como un lugar lleno de temores, esperando ser derrocado de su trono. Inconscientemente nosotros mismos logramos perder el poder que tenemos, por estar aferrados al trofeo que hemos conseguido.

El gobernante al convertirse en un dictador tirano insiste en que las cosas se hagan a su propia manera, aniquila todo elemento creativo que los demás aporten en el reino, o en el alma; aferrarse a que las cosas sean siempre iguales lleva obtener el control de todo a cualquier precio. Tener un puesto de autoridad conlleva a una responsabilidad más grande que el crecimiento personal, uno debe avanzar al éxito, pero se deben mover las piezas del juego para que todos avancen juntos, tendiendo mejores oportunidades de forma colaborativa.

Cuando uno es gobernante de su propia vida, al no hacer caso a la autoridad que se le está otorgando, no sabrá manejar con responsabilidad las situaciones que se presenten, el Miedo tratará de hacernos sentir una gran necesidad por tener control, causando una adicción por el poder. El Miedo tomará una nueva forma, la cual es destructiva, ya que mata al espíritu, destrozando toda comunicación con el interior y el exterior. El Miedo se puede convertir en celos, el sentimiento más oscuro y venenoso que el alma puede experimentar.

Los celos son el temor a perder algo que es de nuestra propiedad: al ser amado, a nuestro puesto de trabajo o al lugar en el que nos tiene considerado la gente. Pero empezando por ahí estamos cometiendo un grave error, nada de esto es nuestro, no somos dueños de nada, hablando desde el plano espiritual; no podemos creer que nuestra pareja es de nuestra propiedad, cada uno es libre y debe ser feliz como individuo por el mundo. El compartir experiencias en el plano sentimental es muy diferente, es permitir que el amor sea cada vez más grande, dando un beneficio de felicidad a los dos. Pero nadie es de nadie, sería exactamente como ser esclavo uno del otro.

El Miedo a perder algo, es decir, sentir celos es algo natural, ya que está en el instinto de conservación, pero no se debe volver enfermizo, porque los que padecen de este mal están condenados a potenciar que sus logros se derrumben, que se nuble la razón y se pierda absolutamente todo. Reflexionar sobre las sospechas que a veces son infundidas por nosotros mismos, puede dar claridad y descubrir si ese temor de pérdida es cierto, nadie puede estar abandonado, a menos que nos abandonemos nosotros mismos.

LOS MIEDOS FELICES

Se debe tener confianza en uno mismo, la inseguridad hace que no seamos merecedores de nuestros logros, del trono que hemos conquistado; somos dignos de tener amor por parte de nuestra pareja, somos dignos de tener el puesto laboral que desempeñamos, somos dignos de ser una persona que vive libre entre muchas otras. Seamos sinceros, el principal cariño que necesitamos es el que nosotros mismos nos otorgamos, pero no de una forma narcisista, sino más bien por tener la seguridad que hemos recorrido un camino largo en el que hemos adquirido sabiduría para descubrir que en nuestro interior está la magia para ver que el mundo está lleno de momentos felices. En esta vida jamás dejaremos de aprender algo nuevo.

Un caso memorable de celos es el de la malvada Reina en el cuento de hadas "Blancanieves" (1812) de los hermanos Grimm, quien después fuera llevada al cine por Walt Disney en 1937. El Miedo que invade a la Reina por dejar de ser la mujer más bella del reino la lleva a cometer una serie de acciones sin control por aferrarse a su absurda ideología, sin medir las consecuencias que pueden destruirla.

Espejito, espejito... ¿quién es la más bella? Es la pregunta que diariamente realiza la Reina a su espejo mágico, el cual contesta con una respuesta satisfactoria para la malévola mandataria.

BASTA DE TENER MIEDO

Pero todo cambia cuando Blancanieves aparece en su vida; es entonces que los celos la envuelven de ira, dejando que sus emociones se apoderen de su pensamiento, fijando una sola idea: matar a la hermosa joven.

La Reina ordena a uno de sus súbditos llevar con engaños a Blancanieves a lo profundo del bosque, alejados de todo testigo deberá dar muerte a la inocente chica, para cumplir con los caprichos enfermizos de su soberana. Una vez asesinada, el corazón de Blancanieves tendría que ser entregado en una caja a la Reina como muestra de fidelidad por parte de la corte. Pero quien llevara la encomienda real no puede realizar tan cruel acción, la chica es inocente y debe vivir, así que la deja huir para no sufrir daños, pero la muestra de lealtad es intercambiada por el corazón de un jabalí, logrando engañar a la Reina sobre sus deseos mortales.

Blancanieves es adoptada por un grupo de siete enanos que trabajan en una mina; estando conscientes del peligro que persigue a la joven princesa aceptan la responsabilidad de cuidarla. Ella corresponde a tan noble actitud, ayudándolos con sus labores, pero sobre todo creando un círculo de armonía para los pequeños hombres que están al pendiente de ella. Todo marcha bien, hasta el momento en el que la malvada Reina vuelve a preguntar a su espejo ¿quién es la más bella? Sin dudarlo, el mágico artefacto responde que es Blancanieves, quien vive feliz en la casa de los siete enanos.

La Reina envuelta en cólera desata sus peores deseos, cegada por los celos hace un conjuro de hechicería para dejar a la bella Blancanieves en un estado de coma. "La Muerte Dormida" es el encantamiento de magia oscura que utiliza la Reina para deshacerse de la chica que ocupa su lugar en hermosura; una manzana cubierta por el letal brebaje será el medio con el que su majestad podrá cumplir su enloquecida misión.

Una vez que Blancanieves se encuentra sola en la casa de los enanos, la bella Reina, ahora convertida en una vieja y horrible pordiosera, va en su búsqueda para despojarla del puesto que le está arrebatando. Dándole a comer la manzana envenenada, la joven princesa cae fulminada por la fuerza sombría del maligno hechizo. Pero hay una posibilidad de que ella regrese a la vida, gracias al verdadero amor, el beso de un noble príncipe logrará que el encantamiento termine. La Reina trata de huir de la escena del crimen, pero al darse cuenta los enanos de lo que ha sucedido van tras ella para aniquilarla.

BASTA DE TENER MIEDO

Finalmente la Reina, convertida en una vieja bruja, trata de aplastar a los hombrecitos con una enorme roca; en medio de la oscuridad, la fuerza que ejerce la malvada bruja a la piedra monumental hace que ella pierda el control, cayendo por un abismo y siendo aplastada con el mismo objeto que ella quería usar para acabar con sus enemigos. El desenlace es conocido, la hermosa Blancanieves es despertada por el apuesto príncipe, quien le ofrece todo su amor en un cálido beso; pero lo que no analizamos, es que la Reina después de cometer su fechoría jamás comprobó si ella era la más bella del reino, ya no tuvo la oportunidad de volver a preguntar a su espejo mágico y tener la seguridad de que todas sus acciones le fueron favorables.

Los cuentos de hadas siempre nos llenan de ilusión, aunque no creamos que sea posible vivir uno de ellos, quizá estemos equivocados; la pregunta es si uno toma el rol de la princesa, del príncipe o de la malvada bruja. El tener un lugar dentro de una situación no significa que seamos los mejores para siempre, las generaciones caminan por el tiempo, lo mejor es ser sabios y enseñar a los jóvenes para que aprovechen su vida en lograr cosas grandiosas que siempre iluminen su espíritu.

Al igual que la Reina, en ocasiones nos preguntamos a nosotros mismos si somos los mejores para algo, de forma enferma, si no somos objetivos con nuestros ideales, si no aceptamos que somos vulnerables y tenemos limitantes, entonces nos responderemos de manera engañosa que sí lo somos, que nadie puede ser mejor que nosotros. El Miedo transformado en celos lleva a que perdamos la dimensión de la situación, el sentimiento de constante persecución amenaza nuestra felicidad, no podemos ver más allá de lo que queremos ver.

La cobardía de la Reina la lleva a deshacerse de Blancanieves, pero no por completo, la duerme por tiempo indefinido, hay una posibilidad de que ella pueda renacer y vivir su vida feliz, que de hecho así es como sucede para la joven. Las acciones que realizamos por celos son dolorosas, pero no queremos sentir culpa, justificamos lo que realizamos simplemente para decirnos en nuestro interior que lo que hacemos está bien; nos convencemos de que todo está en nuestra contra, cuando en realidad no está sucediendo absolutamente nada.

La roca, el instrumento que es representativo del coraje de la Reina, es una esfera enorme de culpas, celos, envidias y temores, es con lo que quiere destruir todo lo que siente como amenaza, pero es lo que finalmente termina con su propia vida. El ser sabios nos permite ser buenos gobernantes, compartir y enseñar a los demás nos dará una satisfacción enorme, ya que la fidelidad de las personas que nos rodean será verdadera, no lo harán por temor a ser castigados de manera irracional por nuestros enfermos deseos por no perder el poder.

La aventura del héroe es continua, ya que es espiritual. Se expande por todos lados, no sigue solamente una línea recta; por eso debemos renovarnos constantemente para que nuestro reino no termine cubierto por las sombras de la tiranía. Para ser gobernantes de nuestra vida debemos dar libertad a nuestra alma, la vitalidad que tenga nos impulsará todos los días a tener felicidad en nuestro ser, por eso no debemos sofocarla con deseos de control absoluto y mucho menos querer oprimir el de los que nos rodean.

Nuestra alma es una expresión de integridad que pone fin a la individualización, aunque esta travesía haya terminado y se haya conquistado el tesoro que se buscaba, el reino que gobernamos, es decir, nuestra propia vida, se transformará en medida que le demos nuevos principios de orden. El alma llena de amor es la llave que abre la entrada a una forma de vivir completamente nueva; nos desplazaremos por nuestro territorio con una percepción de lucha constante por obtener abundancia de frutos que nos den felicidad.

LOS MIEDOS FELICES

Nuestro reinado puede ser estable en muchos sentidos, pero el Miedo estará con nosotros hasta el final de los tiempos; siempre estará en búsqueda de aventuras queriendo que descubramos nuevos tesoros que hagan más grande al reino. El Miedo es el instrumento que nos impulsa para ser gobernantes benévolos y llenar de amor el alma, ya que ésta es el espíritu del mundo. La voluntad del alma nos hace emitir juicios acertados, nos aleja de los deseos destructivos que amenazan la integridad de nuestra vida.

El mundo necesita de personas capaces de compartir amor, que generen planes que con criterio los lleven de la intención a la acción; esta manifestación podrá ser útil para escuchar al Miedo y al alma en un consenso justo. Iluminar nuestro día con pensamientos positivos de éxito disminuye los temores, disfrutando de los momentos significativos en el proceso de la creación. Somos seres iluminados que damos brillo a nuestra existencia, además de tener la capacidad para compartirla con los demás; es el momento de sentirnos libres, ya que ahora sabemos que adentro de nosotros habitan los Miedos felices.

BASTA DE TENER MIEDO

Bibliografía

Campbell, R. (1949) *El héroe de las mil caras* (11 reimpresión en español, 2009) México DF, México: Fondo de Cultura Económica.

Henderson, Mary (1997). *Star Wars The Magic of Myth*. USA: Bantam Books.

Klastorin, Michael; Hibbin, Sally. (1990) *Back to the Future, The Official Book of the Complete Movie Trilogy*. Hong Kong: Mallard Press.

Lyman Baum, Frank. (1994) *El Mago de Oz*. España: Editors, S.A.

Rowling, J.K. (2001) *Harry Potter and the Prisioner of Azkaban*. USA: Scholastic Paperbacks 2001.

Moench, Manley, Rubinstein. (1994) *Batman #0 The Beginning of Tomorrow*. USA: DC Comics.

CAPITULO 2
Los miedos felices que salen de la caja de Pandora

La construcción de cuentos infantilesdeconstructivos de temores culpas para algunos adultos.

(Para David Eugenio. May the Force and the happy fears be with you)

Robert E. Martínez

> *"Así como el inconsciente acepta los placebos*
> *también acepta los actos metafóricos.*
> *Las pulsiones no se resuelven sublimándolas*
> *sino realizándolas de forma simbólica"*
> **Alejandro Jodorowsky (Metagenealogía, 2011)**

INTRODUCCIÓN

Según relata la mitología griega Prometeo es un Titán, precursor de Zeus y los Olímpicos. Según algunas versiones es hermano de Atlas y Epimeteo. En la historia de la creación de la humanidad, según relata Platón en su *Protágoras*, Epimeteo y Prometeo se encargan de dotar a la creación con características que le permitan su subsistencia. Sin embargo, algo ocurre en el proceso. Epimeteo

LOS MIEDOS FELICES

(Ἐπιμηθεύς, "que piensa en retrospectiva") concede todas las cualidades a los animales pero no queda ninguna para los seres humanos. Prometeo (Προμηθεύς, "previsión") a la vista de que el mundo natural tenía los atributos que le permitían su subsistencia, decide entonces apiadado de los hombres, darles dos armas significativas: el Fuego y las Artes. El primero se lo roba a Hefesto, el armero de los dioses; las segundas se las toma a Atenea.

Lo anterior le acarrea el castigo por parte de Zeus que lo condena a ser encadenado a una roca en el Cáucaso donde todos los días vendría por las mañanas un águila a devorarle el hígado (para los griegos, las vísceras en las que incluían corazón, hígado, pulmón e intestino eran asiento de las emociones tales como ira, ansiedad, miedo, amor y la soberbia desmedida a la que identifican con la palabra *hubris*misma que localizaban en el hígado) y éste se regeneraría cada día sólo para que el suplicio comenzara nuevamente al día siguiente.

En un intento de deshacer el mal que Prometeo les había infligido a los dioses – los hombres dotados del Conocimiento y las Artes ya no estarían al imperio de los dioses – Zeus ideó una contra-estrategia. Le ordenó a Hefesto crear una mujer a la que otorgaron "todos los dones" tanto diosas como las Gracias y las Horas llamándola al respecto

BASTA DE TENER MIEDO

Pandora (Πανδώρα, "la que tiene todos los regalos"). Fue dada en matrimonio a Epimeteo. Se la manda a la tierra con una jarra o caja donde vienen encerrados todos los males y la consigna de que no debe abrir el recipiente so pena de que escapen. Movida por la curiosidad (atributo totalmente humano y base de la indagación científica) Pandora abre el recipiente – hay versiones que atribuyen a Epimeteo el acto - y escapan de su interior dos cosas: los bienes y los males; los primeros regresan a las mansiones Olímpicas quedándoles a los hombres sólo el bien de la esperanza representado en un pequeño pájaro azul en el fondo del recipiente: de ahí en delante, los hombres tendrán que habérselas con los males.

La nota final de este breve recuento introductorio del mito, que como dice el mitólogo Joseph Campbell, "el mito sale del inconsciente para hablarle a éste" (Campbell 2004) radica en una versión de la confección de Pandora. Se dice que Hefesto la confecciona con arcilla; Afrodita, le concede gracia y sensualidad. Atenea le confiere las artes del telar. Sin embargo, el remate viene con Hermes, mensajero de los dioses, dios de la medicina, el comercio y patrono de ladrones y mentirosos: le siembra en su ser mentiras, un carácter veleidoso y seductor. De tal forma que la belleza externa es un medio para aceptar los males que conlleva en su interior: una verdadera *femme fatale* en todo el sentido de la palabra.

LOS MIEDOS FELICES

Todo lo anterior viene a colación al respecto de la culpa y temores. Como explicaremos a lo largo del capítulo, la culpa, como fenómeno socialmente construido desde las estructuras dominantes con sus prácticas y discursos, venden la idea dela consecución de un bien (identificado además como un valor estético: lo bueno es bello) al momento del refrenamiento de proceder o pensar que atente contra las normas del *establishment*. Todo actuar que se atreva, cual Prometeo, a cuestionar la autoridad de los miedos y las culpas, se le localiza inmediatamente en las coordenadas de la geografía terrena de lo "malo" o "anormal", donde dichos criterios anteriormente mencionados (uno como calificativo moral, el otro como variable estadística) llegan a ser intercambiables y en ocasiones una sola cosa.

La educación que hemos recibido tradicionalmente de nuestras familias, escuelas y normativas sociales se encuentra basada en la conformidad con las reglas de la *Matrix*, entendida ésta última como las restricciones mentales que tenemos implantadas para no cuestionar un orden social o rebelarnos contra ella; lo cual ha acarreado la idea de que el mutismo y la ausencia de cuestionamientos generanvalores socialmente constructivos. El dispositivo cultural de la culpa ↔ temor insertado en la mentalidad occidental ya no es la Caja; es Pandora misma quien se presenta y vende como belleza los espectadores a consigna de que éstos se traguen la mentira institucionalizada de la culpa como medio y vehículo de la virtud, viviendo devorados día a día en un Hades de remordimientos, atascados en vidas que no desean o atadas a personas y situaciones que no son concordantes con la visión que esperan vivir. Nuestra propuesta es entonces comenzar un Viaje para desarticular las premisas de la *Matrix* que nos ha sido construida y recreada desde que tenemos idea.

Instrucciones de viaje: Este capítulo es una travesía. Sólo se requiere por equipaje de imaginación y tiempo; las actitudes necesarias son la capacidad de asombrarse (y asomarse) así como aprender del nuevo entorno que se irá descubriendo. Por brújula, se requiere orientarse al pasado y al futuro. Las provisiones y moneda de cambio son los sueños de una vida apacible y feliz. Por último, el transporte es la libertad propia de crear. Teniendo lo anterior a la mano, ya se puede empezar a caminar.

El viaje consta de tres partes. ¿Por qué tres? Desde la antigüedad el número tres representa las partes constituyentes del equilibrio y por ende de la perfección. En este sendero pasaremos por tres momentos de deconstrucción, reconstrucción y construcción donde hay tareas, referentes inconscientes y símbolos que apelarán a estructuras inconscientes, narrativas sociales y prácticas que pueden haber ahogado la creatividad propia, las ganas de salir de la zona tenebrosa en la que nos encontramos o habernos hecho creer (y crear) que no hay nada fuera de aquello en lo que nos encontramos en este momento. Emplearemos dos imágenes en cada etapa. Una será un arcano del Tarot en su calidad de figura arquetípica que encierra (de ahí su nombre, *arcana*, *secreto* en latín y *arca*, caja) situaciones de la mente inconsciente. La otra serán figuras de la mitología griega que identificamos en un proceso de superación de pruebas. Recurrimos a la tradición griega por ser la que más resonancia tiene en el imaginario social pero de igual manera se puede emplear nórdica, egipcia o maya. El monomito se expresa de diversas maneras en todas las culturas pero la función es la misma: ilustrar y enseñar.

Nuestra intención es lograr hacer ver que la *Matrix* del discurso socialmente construido alrededor de los temores es sólo una prisión de aire constituida por conceptos y que éstos pueden ser enfrentados y vencidos en el viaje interior.

Las primeras preguntas de partida obligadas trabajando desde la metáfora mítica de cara a Pandora y su caja de "regalos": si tu culpa ↔ temor viera que no platicas más con ella, si decides no creerle sus mentiras, ¿con quién será la persona o situación que irá a buscar para platicar fuera de ti? ¿por y para qué la buscaría a él/ella? ¿Cómo intentará ahora seducirte para que te cases con ella y, al igual que Epimeteo, no reflexiones hacia adelante sino que sólo veas hacia atrás con remordimiento? ¿Con qué gracias hará que asumas lo que dice que no eres o tienes fuera de lo que puedes ser? ¿De qué forma ella prefiere hacerte creer que estás encadenado a una roca mientras te devora tu interior día con día?

A partir de lo que ahora respondas será la forma como termines la lectura de este capítulo. Al final viene un ejercicio: tu decisión será qué hacer con el miedo y tu proyecto de vida.

Comenzamos entonces.

Había una vez no hace mucho tiempo en tu vida, un miedo que no vivía feliz...

PRIMERA PARTE: El viaje interior. El mapa de nuestras primeras relaciones objetales.

ARCANO MAYOR: *El loco. Representa la confianza, la posibilidad de tomar un rumbo propio indistintamente de la crítica que se hace en el entorno.*

75

LOS MIEDOS FELICES

PRIMER REFERENTE MÍTICO: *Narciso.*

TAREA-RITUAL DEL REFERENTE MÍTICO: *(RE)conocer y construir una imagen propia; ser capaz de identificar los constructos inconscientes.*

Para deconstruir un discurso es menester contar con un cuerpo teórico que profundice en las entrañas de la materia del inconsciente para entender sus entresijos. Las aportaciones que usaremos, recurriendo a la figura mitológica nuevamente, serán la madeja y la espada que nos permitirá escapar del Laberinto de Creta conceptual así como matar al Minotauro-Discurso que nos amenaza desde la oscuridad. Utilizaremos entonces los aportes de la psicoanalista Melanie Klein (1882-1960) en su elaboración respecto a la vida emocional del bebé y sus repercusiones en la vida adulta. En esto precisamente radica la utilidad y riqueza de su creación: en explicarnos de dónde vienen los temores más tempranos y porqué, cuando hay situaciones en la actualidad socialmente construida que están emparejados en el inconsciente de la persona, activan ciertas formas de relacionarnos con el mundo, sus personas y objetos.

Nuestra finalidad es utilizar los conceptos fundamentales de su teoría (más que una revisión exhaustiva de su obra) como una vía de paso hacia nuestra meta final que arroje una luz en nuestro entendimiento de cómo se forma un temor, peromás aún, cómo llegar a los miedos felices. A lo largo de este apartado veremos entonces cómo se deconstruye un miedo y se origina un miedo feliz.

Comenzaremos por entender, sin caer en simplismos o deméritos de su obra, que para la autora, el bebé tiene un mundo interno rico poblado por fantasías o representaciones de los objetos (todo aquello que no es su Yo) que están matizadas por las vivencias que tiene desde el segundo 1 de su nacimiento. Dichas situaciones de hambre, frío, dolor tienen su representación en imaginarios de persecución o temor a la destrucción,

Puesto que las fantasías ocupan la vida de la mente desde el nacimiento, existe un poderoso impulso que tiende a ligarlas a diversos objetos -reales o fantaseados, los cuales se convierten en símbolos y proporcionan un escape para las emociones del bebé. Estos símbolos representan primero objetos parciales y, luego de unos pocos meses, objetos totales (es decir, personas). El niño coloca todo su amor y su odio, sus conflictos, sus satisfacciones y sus anhelos en la creación de estos símbolos, internos y externos, que entran a formar parte de su mundo. El impulso de crear símbolos es tan poderoso debido a que ni siquiera la madre más amante es capaz de satisfacer las intensas necesidades emocionales del bebé; de hecho, ninguna situación de realidad puede colmar las urgencias y deseos, frecuentemente contradictorios, de la vida de fantasía del bebé. Si durante la infancia la formación de símbolos logra desarrollarse en toda su fuerza y diversidad y no se ve obstaculizada por inhibiciones, únicamente entonces podrá el artista aprovechar más tarde las fuerzas emocionales que subyacen al simbolismo. (Klein, 1963).

Entre más temprana sea la vivencia del bebé, más distorsionada estará por la fantasía. Recordemos que es sólo un bebé y por ende, sus representaciones serán por demás grandilocuentes por no decir terroríficas. Baste que recordemos nuestra peor pesadilla y la sensación que nos dejó para estar a la altura aproximada de lo que un bebé experimenta:

[…] encontré que durante los primeros meses de vida, cuando los impulsos destructivos, la proyección y la escisión están en su apogeo, la vida emocional del bebé está plagada de figuras terroríficas y persecutorias, las cuales representan los aspectos terribles de la madre y amenazan al niño con toda la maldad que éste, en sus momentos de odio y de rabia, dirige contra su objeto primario […] (Klein, 1963).

BASTA DE TENER MIEDO

Para Klein, el bebé viene al mundo con un Yo (aparato regulador con un funcionamiento similar a un termostato de la personalidad que se las arregla para mediar entra el mundo psíquico interior y la realidad socialmente construida. Se le considera constituida por funciones: anticiparse a los hechos, ponderar las consecuencias de los actos, memoria, pensamiento, análisis, síntesis entre otros) precario que tiende a integrarse (por medio de experiencias buenas como estar alimentado, cómodo, cálido) o a desintegrarse (no ser atendido, alimentado a tiempo, quemado por rozaduras).

Habla entonces de las relaciones objetales o la forma como se planta el Yo con respecto a sus objetos y será la forma de asimilar las experiencias como vivirá al mundo (entendido aquí como la interiorización de las situaciones predominantes de bienestar o desasosiego) y sus componentes: como amigables o persecutorios. A esto último, Klein lo llama "posición":

> Una forma de definir la teoría de las relaciones objetales es afirmar que ésta pretende dar cuenta de cómo la experiencia de la relación con los objetos genera organizaciones internas perdurables de la mente [...]. las estructuras psíquicas se originan en la internalización de las experiencias de relación con los objetos [...] investiga y conceptualiza la influencia

de las relaciones interpersonales "externas" sobre la organización de las estructuras mentales "internas", así como la forma en que estas últimas determinan las nuevas relaciones interpersonales que se establecen posteriormente (Tubert-Oklander, s.f.).

Pensemos en una posición como una ubicación tridimensional en el espacio: hay cosas que tenemos delante nuestro, a los lados y por detrás. Sin movernos de nuestro lugar algunas las veremos con claridad (delante) otras con detalles borrosos (a los lados) y otras no las veremos (detrás) de acuerdo con nuestra necesidad de certidumbre con respecto a qué tenemos a los lados, sean cajas de cartón o un tigre de bengala atrás, será la forma como nuestro Yo reaccionará y vivirá la situación "[...] la ansiedad es provocada por el peligro que amenaza al organismo proveniente del instinto de muerte; y sugerí que ésta es la causa primaria de ansiedad [...] la ansiedad se origina en el miedo a la muerte." (Klein, Sobre la teoría de la ansiedad y la culpa, 1948).

Dado que tendemos a generalizar el conocimiento, de acuerdo con Klein, las primeras vivencias con los objetos tendrá una influencia en la forma como dicha internalización hará que vivamos y nos relacionemos con los demás:

BASTA DE TENER MIEDO

Incluso en los adultos normales, en épocas de intensa presión interna y externa, los impulsos escindidos y apartados y las figuras temibles y persecutorias escindidas y apartadas reaparecen temporariamente y gravitan sobre el superyó, haciendo que las ansiedadesque se experimentan en ese momento se asemejen bastante a los terrores del bebé, aun cuando adopten una formadistinta. (Klein, 1963).

En la vida emocional temprana del bebé existe un temor omnipresente a la aniquilación, a la muerte vivida como un sentimiento abrumador de dejar de ser. Cuando dicha vivencia llega a ser repetida y no atenuada por la madre puede conducir a sentimientos posteriores de un mundo persecutor y destructivo que amenaza a la subsistencia en cada paso del camino:

Si tratamos de visualizar en forma concreta la ansiedad primaria, el miedo a la aniquilación, debemos recordar el desamparo del bebé ante los peligros internos y externos. Yo sugiero que la situación primaria de peligro que surge de la actividad del instinto de muerte dentro de sí es sentida por el bebé como un ataque abrumador, como persecución [...] la lucha entre los instintos de vida y muerte opera ya durante el nacimiento y acentúa la ansiedad persecutoria provocada por esta dolorosa experiencia. Parecería que esta experiencia tiene el efecto de hacer que el mundo externo, incluyendo el primer objeto externo, el pecho de la madre, parezca hostil. A esto contribuye el hecho de que el yo vuelve los impulsos destructivos contra este objeto primario. El bebé siente que la frustración por el pecho, que de hecho implica peligro para la vida, es la retaliación por sus impulsos destructivos hacia él y que el pecho frustrante lo está persiguiendo. Además, proyecta sus impulsos destructivos en el pecho, es decir, desvía hacia afuera el instinto de muerte; y de esa forma, el pecho atacado se convierte en el representante externo del instinto de muerte [...](Klein, Sobre la teoría de la ansiedad y la culpa, 1948).

Vemos entonces la conformación temprana de los temores y miedos: experiencias de privación. El miedo es un *no-ser* o temer *dejar de ser* a través de lo que se nos priva. Con ello no estamos culpando a la madre de las vivencias tempranas del bebé, ya que no existe parentalidad perfecta; existen condiciones que permiten resarcir dichas situaciones iniciales como puede ser el amor de los propios padres, parejas o grupo de pares.

[...] en cualquier período de la vida, bajo la presión de la ansiedad, la fe y la confianza en los objetos buenos pueden ser sacudidas. Pero son la intensidad y duración de tales estados de duda, desaliento y persecución los que determinan la capacidad del yo para reintegrarse y restablecer sus objetos buenos con seguridad.

Como puede observarse en la vida diaria, la esperanza y la confianza en la existencia de la bondad ayudan a las personas a través de las grandes adversidades y contrarrestan eficazmente la persecución. (Klein, 1957).

Lo anterior puede verse como la aparición del miedo terrorífico y persecutorio que puede tornarse en un objeto bueno que previene y orienta; es decir, es un miedo feliz que explicaremos en la última parte de nuestro apartado.

Sin embargo, en la integración de la vida psíquica del bebé entran en juego las fuerzas amorosas del entorno que le ayudan a matizar sus figuras terroríficas y tornarlas en benévolas y fuentes de fortaleza. Lo que en un principio son representantes terroríficos (base de monstruos, dragones y otras figuras fóbicas) se pueden ver a la luz del amor como lugares de refugio y crecimiento; el bebé es capaz de reparar los objetos por medio de su actividad creativa (sonrisas, jugueteos) y en la vida adulta, con su capacidad, diría Freud, de "amar y trabajar":

> [...] la ansiedad depresiva, la culpa y la tendencia reparatoria sólo se experimenten cuando sobre los impulsos destructivos predominan los sentimientos de amor hacía el objeto. En otras palabras, podemos suponer que experiencias repetidas de amor superando al odio -en última instancia del instinto de vida superando al instinto de muerte- son una condición esencial para la capacidad del yo de integrarse a sí mismo y de sintetizar los aspectos contrastantes del objeto [...](Klein, Sobre la teoría de la ansiedad y la culpa, 1948).

En la conformación de un Yo fuerte, entendido como capaz de manejar y transformar sus impulsos agresivos de manera asertiva y no destructiva, tolerando la frustración y movilizando sus capacidades creativas al servicio de la construcción fértil propia y comunitaria, entra entonces la capacidad de reparar daños y enfrentar miedos: miedos producidos por la ansiedad de aniquilación (persecutoria) o por haber dañado con sus impulsos en un exceso de fuerza, a sus figuras amadas.

BASTA DE TENER MIEDO

La vivencia de un constituyente interno fuerte (fe, amor, creencia en la bondad del mundo) es un manantial continuo de crecimiento: "[...]si el objeto bueno está bien establecido, la identificación con él fortalece la capacidad paraamar, los impulsos constructivos y la gratitud [...] si el objeto bueno está profundamente arraigado, las perturbaciones temporarias pueden ser resistidas y queda colocado el fundamento de la salud mental, la formación del carácter y el desarrollo exitoso del yo." (Klein, 1957, p. 235). Las bendiciones de la vivencia buena interna no se limitan a la infancia ya que nos acompaña a lo largo del viaje de la vida "[...] Un niño que ha establecido al objeto bueno firmemente, también puede encontrar compensaciones para la pérdida y privaciones de la vida adulta." (Klein, 1957).

Todos somos artistas en lo que se refiere a la creación de sentido. Con la aparición del paradigma de las inteligencias múltiples de Howard Gardner (1983) sabemos que hay más de una forma de expresar al mundo externo lo que llevamos en el interno y, la riqueza de este último se puede visualizar a través de sus actos simbólicos "El artista creador emplea profusamente los símbolos, y cuanto más le sirven para expresar los conflictos entre el amor y el odio, la destructividad y la reparación, los instintos de vida y de muerte, tanto más universal será la forma que adopten." (Klein, 1963). Veríamos en el niño al artista creador que va a tomar los símbolos del temor y transformarlos en objetos de creación de narrativas y proyectos alternos de vida.

Ahora bien, ¿de qué manera se vinculan las experiencias tempranas con la realidad socialmente construida? De acuerdo con la plenitud o carencia de las relaciones objetales será el color con el que se perciba el mundo. De sobra es conocido que la *Matrix Publicitaria* se ha consolidado como la figura, ya no el fondo, de nuestras elaboraciones cotidianas: qué tenemos a qué edad es el imperativo que se vuelve persecutorio. La ansiedad es nuestra compañera inseparable, es nuestro molino de viento quijotesco.

Por lo que sabemos con la teoría Kleiniana, la ansiedad puede ser de dos tipos: persecutoria ("a mí me van a hacer algo") o depresiva ("yo hice un daño/destruí un objeto bueno; soy culpable"):

> [...] la ansiedad persecutoria se relaciona principalmente con la aniquilación del yo; la ansiedad depresiva se relaciona principalmente con el daño hecho a los objetos amados internos y externos por los impulsos destructivos del sujeto. La ansiedad depresiva tiene múltiples contenidos, tales como: el objeto bueno está dañado, sufre, está deteriorándose; se convierte en objeto malo; está

aniquilado, perdido, y nunca más aparecerá. Llegué también a la conclusión de que la ansiedad depresiva está estrechamente ligada con la culpa y con la tendencia a la reparación. (Klein, Sobre la teoría de la ansiedad y la culpa, 1948).

Lo último que señala Klein es muy útil porque nos remonta a la capacidad reparadora de un daño (real o fantaseado) que hayamos podido haber efectuado sea por medio de restituciones positivas en pro de la comunidad o nuestra; o bien, en sentimientos de culpa que requieren de expiación en situaciones de sacrificio (sacrificio: *sacrum*, santo; *ficare*, hacer; "hacer un acto santo", digno de la divinidad) personal: estar atascados en un trabajo que no nos gusta, autosabotajes laborales, relaciones de pareja destructivas, adicciones, endeudamientos continuos, pero existe el discurso comercial que está al rescate: podemos comprar y ser de determinada forma logrando con ello reparar daños añejos. Cuando menos, si no se resarcen, el olvido se hará cargo de ellos. Sin embargo, nos percatamos de que no funciona así. La ansiedad persecutoria sólo aumenta en voracidad; estamos continuamente siendo *El coyote y el correcaminos* (caricatura creada por Chuck Jones para la Warner Brothers en 1949) de caricatura de manera simultánea: lo que perseguimos nos persigue.

LOS MIEDOS FELICES

En Occidente, nos hemos encontrado con el trajín de vida construido desde la realidad económicamente confeccionada con dos emociones básicas: envidia y estrés. Estos dos componentes se han visto como *inevitables* compañeros en las existencias de las personas en las urbes; quien vive en la era contemporánea está sujeto a tener estrés y envidia. ¿A qué nos referimos con esto? Cuando hablamos de la realidad edificada desde la base de la economía, nos remontamos a la fracción del tiempo de actividad de las personas (desde el Renacimiento a la fecha) a fin de que produzca más -en términos de productos que puedan generar dinero ya que la producción humanística o espiritual no entra en dicha consideración- en menores lapsos de tiempo. Esto acarrea entonces una agitación personal continua (estrés) y la búsqueda de mayores productos que la misma realidad económica nos vende y, cuando vemos que alguien los ha adquirido antes que nosotros o consideramos que no podremos tener acceso a ellos, nos produce una infelicidad por la felicidad del otro (envidia). Esto último que señalamos de la envidia y el estrés no debe ser una regla sino una excepción. Ciertamente hay personas que viven apacibles fuera del tiempo económicamente construido así como alegres de la fortuna de sus pares. Lo mencionamos a partir de la imagen de "realidad" que se nos vende día con día en el espejo empañado de los medios comerciales en que, se debe producir más para tener más. Si llegada a cierta edad (de acuerdo con el segmento de mercado que el publicista quiere llegar sean niños, jóvenes, adultos o adultos mayores, ninguno escapa) no se tiene "x" producto o servicio, debe haber un problema en la persona porque no está "in" con el resto de la población que lo está viviendo o adquiriendo.

¿A qué consecuencias lleva esto? Entre otras cosas a problemas emocionales y físicos producidos por el exceso de presión sobre el cuerpo (mal comer, mal dormir, falta de ejercicio entre otros) y la mente (falta de alegría, falta de emociones nutritivas, autoimagen deteriorada) que se manifiestan en problemas somático-sociales que sólo representan este modo de vida que hemos co-construido con el modelo económico de produce-consume-muere: hipertensión (*mucho estrés en el cuerpo*), hiperactividad ("*el ocio es la madre de todos los vicios*"; ¿después nos preguntamos por qué hay niños hiperactivos?), diabetes (se *acabó la dulzura en el mundo, todo es amargura*), depresión (*todo es pérdida, no hay nada por qué luchar*) entre otros.

Para poder entonces deconstruir una realidad que se nos ha impuesto, es menester entender los términos que la componen. Mencionamos que hay dos constituyentes: estrés y envidia. Éstos se retroalimentan el uno al otro: la envidia por querer tener lo que otros nos estresa al punto de hacer lo que sea necesario por superar al otro; dicho estrés impacta en hacer más para tener más y probarle al mundo económicamente construido que estamos a la altura de *sus* estándares de competencia. ¿Cómo definirles entonces con una precisión terminológica que nos sea operativamente útil? Podemos decir en síntesis que son:

a) Estrés.- la convicción de que hagamos lo que hagamos, siempre hará falta algo: tiempo, dinero, amor.

b) Envidia.- la convicción de que no importando nuestras capacidades, habrá siempre alguien con algo que no podamos tener: tiempo, amor, dinero, objetos.

Visto de esta manera, recurriremos a una operación matemática para poder entender y resolverles. Comprenderemos cuál es su constituyente común. Si pensamos en una fracción, quedaría:

$$\frac{\text{ESTRÉS}}{X} + \frac{\text{ENVIDIA}}{X} =$$

Debajo de cada término hay una incógnita que, para resolver la fracción, debemos conocer. ¿Cuál será el común denominador del estrés y la envidia? ¿Cuál es el sentimiento que alimenta a ambas emociones? Posiblemente ya dieron con la respuesta. El común denominador de ambos es un sentimiento que se ha venido cultivando desde hace milenios en la mente de cada una de las personas en Occidente desde la perspectiva de la carencia:

$$\frac{\text{ESTRÉS}}{\text{X}} + \frac{\text{ENVIDIA}}{\text{X}} = \frac{\text{MIEDO(estrés)} + \text{MIEDO(envidia)}}{\text{MIEDO}}$$

El resultado esperado es que el estrés con miedo produce hiperactividad y agotamiento en todos los sentidos: espiritual, corporal, mental, social, hartazgo y depresión. La envidia con miedo produce una autoimagen deteriorada, incapacidad para valorar las propias capacidades, infelicidad, tristeza y depresión. Retomando a Klein, podemos entender que el mundo construido desde el discurso de ser=tener es productor de ansiedad; se espera que a través del consumo continuo y aumentado se atenúe la ansiedad de no ser,

> [...] mis observaciones analíticas muestran que hay en el inconsciente un temor a la aniquilación de la vida [...] el peligro que surge del trabajo interno del instinto de muerte es la primera causa de ansiedad. Como la lucha entre los instintos de vida y muerte persiste a lo largo de la vida, esta fuente de ansiedad nunca se elimina e interviene como factor constante

LOS MIEDOS FELICES

en todas las situaciones de ansiedad. (Klein, Sobre la teoría de la ansiedad y la culpa, 1948).

Entonces, el concepto y sentimiento a deconstruir es el miedo y los productos derivados de ello; un miedo socialmente construido por la matriz cultural instituido a través de nuestros árboles familiares (miedos heredados), actividades laborales (el fantasma de la crisis económica está por doquier y está siempre presente) o auto conceptos deficientes que hemos confeccionado usándolos a diario (no estamos a la altura del reto, no podremos hacer nada de lo que nos han dicho que debemos hacer o tener). La culpa inconsciente derivada de primeras relaciones con nuestro entorno y sus demandas pueden generar temores así como es igualmente plausible que los miedos en el fondo son culpas disfrazadas que son demasiado terroríficas para ser vistas de frente.

La envidia y el estrés son dos productos y productores de miedo así como culpa, pero la ventaja está en que, cuando deconstruidos en sus elementos identificados en el discurso social, son fáciles de vencer. El miedo se vuelve dócil porque no tiene que enmascararse o huir, está puesto para ser asimilado.

BASTA DE TENER MIEDO

Para esto tenemos que dar otro paso más en nuestro viaje personal y auxiliarnos de las herramientas de la Terapia Narrativa.

SEGUNDA PARTE. El lado oscuro del miedo: los discursos (des)constructores. LA POSTURA NARRATIVA-CONSTRUCCIONISTA.

ARCANO MAYOR: *El colgado.* Representa el cambio de perspectiva, ver el mundo desde un ángulo diferente para tener otro punto de decisión.

SEGUNDO REFERENTE MÍTICO: *Ulises.*

TAREA-RITUAL: *Reconocer y resistirse al Canto de las Sirenas. Identificar la melodía y letra de la propia música a la que se ha de marchar.*

Los seres humanos nos apropiamos y construimos la realidad por medio del lenguaje. Desde el punto de vista de lo que se ha llamado construccionismo social (Berger & Luckman, 1966) el uso del lenguaje nos permite crear una serie de referentes (brújulas internas conceptuales) y mapas con los cuales damos sentido al conjunto de vivencias resultado de la interacción con otros sean personas, objetos o situaciones cotidianas. De aquí que la realidad es conceptual y se construye/mantiene día con día. Las definiciones (del latín *definire*, poner límites) están constantemente en un proceso de comparación, asimilación, descarte o revisión de acuerdo a la flexibilidad mental con la que nos movemos en el mundo. La situación con las definiciones es que pueden ser la prisión de aire en la que nos encerramos día con día en situaciones personales, labores o sentimentales donde nos sentimos abrumados y con *la idea* de que no podremos salir de ellas. Definir es poner límites y en ello, son los conceptos, no las situaciones quienes nos ponen un alto. El miedo, la culpa y otros conceptos socialmente construidos y asumidos por nosotros son quienes nos detienen. ¿Un ejemplo de una realidad construida socialmente pero asumida por nosotros como algo que existe fuera de nosotros como la culpa y el miedo? Proveeremos dos ejemplos.

1. El tope reductor de velocidad del automóvil. Si sucede que todos los días pasamos en el trayecto a nuestra labor (ocurriendo el caso hipotético que vamos en ruta hacia una actividad que nos disgusta e incluso odiamos, pero creemos que no hay nada mejor que éso) hay una calle donde hay colocado un tope reductor de velocidad del automóvil ocurre que nos detenemos y pasándole a menor velocidad, continuamos con nuestra ruta. Con el tiempo, no pensamos en detenernos; mecánicamente lo hacemos. Sucede sin embargo que por cambios en el

desarrollo de tránsito vial, eliminan de la noche a la mañana el tope. ¿Qué ocurre con nosotros al llegar al lugar? ¡Nos detenemos aun cuando no existe más la barrera! La razón estriba en que lo que originalmente era un estímulo visual se volvió una orden mental: ¡detente! Con el tiempo nos olvidamos de la cuestión exterior para asumir una restricción interna; vemos no con los ojos sino con los conceptos. Pensemos entonces en cuáles son los "topes" internos que nos han o hemos colocado y nos detienen sin sentido ya que somos nosotros quienes los podemos quitar.

2. Pensemos que, de la noche a la mañana y sin saber por qué, nos encontramos encerrados en un cubo. Dentro de él, a tientas porque está totalmente oscuro, descubrimos que tiene una superficie lisa; no encontramos indicadores de que haya puertas o ventanas. Mide seis por seis metros. Lo que no sabemos es dónde está localizado si en el fondo del mar o en medio del Ártico o en el Sahara. El cubo pesa veinte toneladas. Es de cemento compactado. Dentro descubrimos que el aire se está acabando; no hay alimentos. Lo único

con lo que disponemos es lo que traemos en este momento puesto para escapar. Por cierto, las ondas de los celulares no escapan del interior del cubo. ¿Cómo podremos escapar?

Antes de la respuesta, pensamos en este momento cómo nos sentimos atrapados en el cubo. Pensemos ahora en un problema que tengamos: ¿en qué se parece a la sensación que tenemos dentro del cubo? ¿De qué manera el problema es un cubo conceptual? Al percatarnos de lo anterior podemos entonces salir del cubo. La respuesta según este ejercicio budista de 3,000 años de antigüedad es imaginarnos fuera del cubo ya que éste no existe: lo creamos al darle "realidad" a la descripción de las características. Si hacemos un símil de cómo nos sentimos en un problema actual con la sensación que nos dejó estar "dentro" del cubo, veremos que la vivencia mental es casi idéntica.

El común denominador de ambos ejercicios radica el atrapamiento conceptual que hace (y hacemos) el discurso con respecto a lo que debemos ser, sentir o realizar así como sus reversos, lo que NO debemos sentir, hacer o pensar. En ambos casos asumimos como *real* lo que es *conceptual*. Ello implica incluso que tengamos las nociones al revés con respecto a nosotros. Si preguntáramos de improviso y sin dar tiempo a responder salvo lo primero que se viene a la mente, ¿qué dirías de la siguiente pregunta?:

- ¿Quién mató a Caín?

La respuesta común es "Abel". Cosa por demás errónea según la tradición bíblica ya que fue al revés. Pero nos ilustra la manera como el encerramiento conceptual no nos permite cuestionar la realidad socialmente construida que puede detener y *definir*nuestro desempeño sin que se nos ocurra que puede ser la realidad la que esté en un error perceptual en cuanto a que la mayoría de opiniones no equivale a una certeza total. Preguntemos a la larga lista de personas que cuestionaron la realidad de su momento: Galileo, Newton, Curie, Einstein, Dalí por mencionar algunos.

Las etiquetas sociales vienen impresas por la matriz cultural desde antes que naciéramos y nos son impuestas en lugares de nuestro psiquismo donde no las podemos ver. Sin embargo, hay espejos conceptuales que nos ayudarán a encontrar y despegarlas. De qué forma opera la *constricción* y *construcción* conceptual en ayudarnos o detenernos en nuestro proceso de vida elaborada día con día está visto en el ejemplo del "empleado del mes". Seguramente habrán visto plaquetas en diferentes tiendas departamentales o de servicios con la foto de una persona, su nombre y el honorífico membrete de "empleado del mes": aquella persona que por su dedicación y cumplimiento cabal de su papel en la empresa merece un reconocimiento ante todas las personas que cursan la tienda. La tienda reconoce el esfuerzo de la persona; es una traslación al plano laboral del "cuadro de honor" de la escuela. Podemos ver aquí que ciertamente la escuela prepara para la vida económicamente diseñada.

Ciertamente hay laudes para el trabajo con excelencia, no tenemos "peros" al respecto. Lo que nos hace levantar la ceja con sospecha es qué se entiende por *empleado* del mes. Para la empresa, un negocio a fin de cuentas, lo que busca es la generación de dividendos y ganancias para los dueños de la misma así como sus accionistas. De aquí entonces que un empleado es una persona que ayudará a conseguir dichas metas y en el proceso obtendrá una remuneración social y económica.

Pero esto puede en ocasiones representar que tiene que estar alineado con lo que desea la empresa aún a costa de sus propios códigos de comportamiento (largas horas extras de trabajo olvidándose de su familia, malcomiendo y una plétora de etcéteras que todos conocemos en algún momento) y sueños. Para estar en la placa de mérito debe en ocasiones tener que poner el pie a quien se le adelante en su carrera hacia el reconocimiento. Lo que no sabe la persona que accede a dicho honor es el discurso que está asumiendo automáticamente.

Productivo, desde el discurso socio-económicamente construido es aquella persona que produce una plusvalía (ya dijimos que para dicha estructura y narrativa, "el ocio es la madre de todos los vicios" porque "time is money") para quien trabaja; por tanto productivo es igual a dinero. Por ende, todo se reduce a metáforas y analogías que mantengan la estructura pero que las personas no se percaten que están en ella (¿suena a *Matrix*?) y que con el tiempo, la educación de sus hijos y descendientes se sientan orgullosos de pertenecer (palabra clave) al andamiaje social que se ha manufacturado desde la educación inicial como hemos dicho con "filas" de aplicados, burros o los cuadros de honor. Con el tiempo, son cuadros de desempeño, filas de desempleados por mencionar algunos. En esto pensemos entonces: si les pidiéramos dos sinónimos de la palabra "emplear", ¿cuáles se vienen a la mente? A nosotros, y puede que a ustedes, se nos vienen dos: "usar" y "utilizar". Siendo sinónimos podemos intercalar uno por el otro. Usen cualquiera de los dos sinónimos en el espacio en blanco de la figura. ¿Qué dirían cuando estén en el muro que diga?:

Juan Pérez
" _____ " *del Mes de Octubre*

Así funciona el discurso social que nos aprisiona: es tan visible que se vuelve invisible. Asumimos tantas premisas que se nos adhieren con el intercambio de narrativas diseñadas desde nuestro exterior, desde el tipo de pareja que debemos buscar tanto como lo es ir a un curso llamado "Cómo ser un triunfador": al momento mismo de inscribirnos al curso, ¡aceptamos que somos unos perdedores! Lo anterior puede ser una búsqueda de que alguien externo nos indique qué es el éxito desde su discurso, pero a fin de cuentas, ese "alguien" es sólo otro más de los demás que hemos construido: nuestros padres, maestros o superiores laborales.

Como vemos, los miedos funcionan igual. Pueden ser los conceptos los que nos han atrapado y hemos asumido como reales al darles vida (recordemos el cubo budista) en nuestro acontecer diario. Aceptarlos y vivirlos equivale a darle "refrescar página" en la barra del explorador de un navegador de internet: lo único que hacemos es actualizar la página pero no salimos de ella.

A la luz de todo lo anteriormente expuesto, podemos entonces referir a las razones por las cuales nos decantamos por la postura posmoderna de la Terapia Narrativa. De forma sintética, ésta plantea que las personas continuamente "narran" a sí mismas así como a su entorno, una historia compuesta por la construcción asimilada de otras narraciones de personas/eventos significativos. De tal manera que la persona no expresa en el trabajo terapéutico su vida sino la interpretación que ha hecho, desde la mirada de los demás, de los eventos de su vida:

> [...] los expertos en ciencias sociales se refieren al método interpretativo cuando estudian los procesos por los que desciframos al mundo [...] Bateson afirma que la comprensión que tenemos

de un hecho, o el significado que le atribuimos , está determinada y restringida por su contexto receptor; es decir, por la red de premisas y supuestos que constituyen nuestros mapas del mundo [...] argumentó que la interpretación de todo acontecimiento está determinada por la forma en que éste encaja dentro de pautas conocidas [...] (White & Epston, 1993, pág. 20).

La forma nueva de enfocar los problemas que las personas traen a colación en un contexto terapéutico está en relación a la construcción de significados entreverados con los discursos sociales y las formas como éstos sancionan o castigan las formas de pensar o actuar:

Las terapias posmodernas tienden a poner su atención en historias y narrativas [...] >>narrativa<< se usa para describir las historias basadas en las normas o expectativas de grupos culturales mayores. Las narrativas son relatos culturales que funcionan como parámetros para determinar qué tipo de historias son posibles [...] los terapeutas postmodernos creen que la queja del cliente es una de las >>historias<< que podrían ser narradas y en cada narración subsecuente la historia puede transformarse. Al cambiar la historia cambian los significados vinculados con los eventos, las conductas y las interacciones(Joan L. Biever, Monte Bobele, Glen T. Gardner, Cynthia Franklin., 2005, p. 14).

Cambiar la perspectiva de trabajo al centrarse en las narrativas implica entonces cambiar el paradigma y la forma de entender cómo nos vinculamos con los problemas. Nótese, cuando hablamos de un consultante (ya no paciente) hablamos de problemas no de patologías; el cambio viene más allá de lo nominal: una patología requerirá una cura; un problema, una solución "una perspectiva postmoderna enfatiza que los significados y las comprensiones son fluidas y siempre cambiantes [...] los terapeutas que trabajan desde esta perspectiva usualmente empiezan explorando la comprensión del cliente acerca de sus problemas o preocupaciones, en lugar de explorar si el cliente encaja con las teorías del terapeuta acerca de la naturaleza de los problemas psicológicos, las categorías diagnósticas y sus teorías del cambio [...]" (Joan L. Biever, Monte Bobele, Glen T. Gardner, Cynthia Franklin., 2005, p. 12).

Por ende, la modificación de la forma de trabajo sobre nosotros remonta a un nivel lógico más arriba de las figuras de trabajo con que se ha venido funcionado. Para ello, la tabla siguiente lo ilustra:

TABLA DE ANALOGÍAS: RELATO, CONOCIMIENTO Y PODER

ANALOGÍAS EXTRAÍDAS DE	ORGANIZACIÓN SOCIAL CONSTRUIDOS COMO	PROBLEMAS SOLUCIÓN CONSTRUIDA	CONSTRUIDA COMO: EN TERMINOS DE:
CIENCIAS FÍSICAS POSITIVISTAS	MÁQUINA ELABORADA, CONSTITUIDA A BASE DE MECÁNICA E HIDRÁULICA	COLAPSO, INVERSIÓN, INSUFICIENCIA, AVERÍA.	CAUSA AISLADA, ANÁLISIS PRECISO, REPARACIÓN, RECONSTRUCCIÓN, CORRECCIÓN.
CIENCIAS BIOLÓGICAS	CUASI-ORGANISMO	SINTOMATOLOGÍA DE UN PROBLEMA SUBYACENTE, CON UNA FUNCIÓN Y UNA UTILIDAD.	IDENTIFICACIÓN DE LA PATOLOGÍA, DIAGNOSTICO CORRECTO, OPERACIÓN Y ELIMINACIÓN DE LA PATOLOGÍA
CIENCIAS SOCIALES			
TEORÍA DE JUEGO	JUEGO DE CARÁCTER SERIO.	ESTRATEGIAS MOVIMIENTOS	COMPETICIÓN, CONTRAJUGADAS, ESTRATEGIA.
DRAMA.	DRAMA DE SALÓN	PAPELES, GUIONES, ACTUACIONES.	REVISIÓN DE LOS PAPELES, SELECCIÓN DE FORMAS DRAMÁTICAS ALTERNATIVAS.
PROCESO RITUAL	RITO DE PASAJE	TRANSICIÓN-SEPARACIÓN	SEÑALIZACIÓN Y ESTABLECIMIENTO DE DISTINCIONES ENTRE EL STATUS 1 Y EL SATUS 2.
TEXTO	TEXTOS DE COMPORTAMIENTO.	REPRESENTACIONES DE HISTORIAS O CONOCIMIENTOS ENTENDIDOS COMO OPRESIVOS O DOMINANTES.	ESPACIO DISPONIBLE PARA LA ELABORACIÓN DE HISTORIAS ALTERNATIVAS

(White & Epston, 1993, pág. 24)

LOS MIEDOS FELICES

Podemos apreciar que las primeras formas de manejar y trabajar un problema estabanrelacionadas con la mirada de las ciencias físico-biológicas; sin embargo, en el último apartado de la tabla, podemos ver que las personas presentan una narrativa de vida pre-dominante. La separación con guión del término anterior es para señalar que el discurso personal tiene una serie de antecedentes (pre) que determinan su forma de ver y relacionarse con el mundo (dominante) sin que pueda apreciar las narrativas alternas a su visión monocular de la realidad socialmente construida. La ventaja de emplear un modelo narrativo como análogo al texto tiene la ventaja de poder separar a la persona de lo que se ha dicho de ella: la persona no es su discurso ("no sirves", "estás gordo", "te vas a morir de hambre en tu profesión", "no hay trabajos ahorita, siéntete afortunada de tener uno y que cuando menos se te pague poquito, pero tienes un pago", "¿cómo se te ocurre que te quieres dedicar a los perros…César Millán?") tanto como lo asuma como suyo y lo viva: el mundo de las Maravillas existe en tanto Alicia le otorgue crédito, en cuanto despierte del mundo construido en su discurso mental éste dejará de existir. Pensar en problemas como análogos a textos "[…] proporcionó una segunda descripción de la manera en que las personas organizan sus vidas alrededor de determinados problemas […] se puede considerar que esta organización refleja la interacción de >>lectores<< y >>escritores<< en torno a ciertos relatos o narraciones [...] el estilo de vida del problema se convierte en la narración del problema [...]"(White & Epston, 1993, pág. 22).

Lo anterior implica que hemos sido insertos en la *Matrix*: la prisión conceptual que no vemos, tocamos o ingerimos matiza la forma como nos narramos diaramente nuestra vida; la situación radica en que los miedos y restricciones pueden ser el productos de una serie de mitos ("cuentos" en griego) que nuestra familia, escuela y comunidad han transmitido en la forma de valores. Recordemos al "empleado del mes". La forma como se manufacturan y diseñan discursos denominados de Poder tomados del pensador francés Michel Foucault (Lechuga, 2007, págs 111-117) viene dado por el afán de controlar lo que se hace, dice o piensa así como sus reversos negativos lo que no se debe decir, hacer o pensar. Las estructuras que poseen el poder (económico, social, religioso o los tres juntos) determinan lo adecuado para su sostén y lo transmiten por medio de la educación a las generaciones para que lo inoculen en sus hijos; el truco radica en que nadie asuma que sus premisas de operación en el mundo vienen de una estructura dominante sino que trabaje en hacer suyos dichos principios y esté incluso dispuesta a morir por ellos. Un ejemplo radical lo tenemos en la chica con anorexia: la familia puede asumir que en su perfección ningún miembro puede tener un conflicto mundano. Por ello, es preferible la muerte de un miembro por hambre que admitir la imperfección que expresa asistir a Terapia Familiar. Lo que pasa en lo macro cultural se replica de manera micro en las familias como en los individuos.

Mientras el discurso saturado por el problema, como lo llama el enfoque narrativo, predomina no se identificarán alternativas fuera del problema, sólo se habla y participa desde el problema. Es necesario tomar una distancia conceptual y cuestionar las premisas del poder que nos atrapa dentro del Cubo budista "si aceptamos que las personas organizan su experiencia y le dan sentido por medio del relato, y que en la construcción de estos relatos expresan actos escogidos por su experiencia vivida, se deduce que estos relatos son constitutivos: modelan las vidas y las relaciones [...]" (White & Epston, 1993, p. 29).

Crear entonces narrativas alternas a los miedos creados desde la matriz familiar y/o social requiere un ejercicio de imaginación, creatividad y humor. Imaginación para visualizar un destino diferente de lo que el problema nos dice día con día; creatividad para tener la irreverencia suficiente de confeccionar narrativas alternas a la que se ha venido repitiendo y el humor para reírse de las constricciones que en su ridiculez mantienen nuestra voz original secuestrada y silenciada. ¿Cómo sabremos que vamos por buen camino al momento de trabajar con los miedos y culpas socialmente construidos? El escándalo que producirá el cuestionamiento de los "valores" escleróticos en aquellas personas que aún están dormidas dentro de la *Matrix*. Una nota precautoria para cuando se piense hacer esto: someter a juicio las estructuras discursivas del poder puede acarrear pánico (en quienes son fervientes creyentes del discurso) así como expulsión del círculo familiar o de amistades; pero como buena película de misterio, la primera persona en apedrearnos puede ser quien menos imaginemos; ella puede ser quien esté manteniendo la homeostasis de nuestro mundo social y a quien le incomode nuestro cambio discursivo. Quien puede ser la más interesada en nuestro "bienestar" puede ser la primera en rasgar sus vestiduras y pedir nuestra crucifixión.

Trabajar para liberarnos de los discursos de poder implica que deconstruyamos lo que tenemos por "cierto". Pensemos en la interacción de los conceptos con los que construimos una realidad:

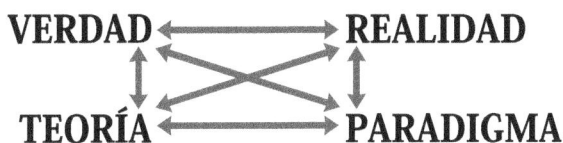

$$\begin{array}{ccc} \textbf{VERDAD} & \longleftrightarrow & \textbf{REALIDAD} \\ \updownarrow \quad \times & & \updownarrow \\ \textbf{TEORÍA} & \longleftrightarrow & \textbf{PARADIGMA} \end{array}$$

LOS MIEDOS FELICES

Podemos partir de cualquiera de las cuatro esquinas, pero escojamos la primera superior izquierda. La forma como construimos un conocimiento del mundo es que lo que tenemos por auténtico (Verdad) es base para lo que tomamos como existente (realidad) y éste modela la forma como vemos ciertos elementos (paradigma) apoyados en una serie de supuestos (Teoría) de cómo entendemos que funciona el mundo o bien, como nos han transmitido que lo hace. Un ejemplo, utilizando el caso de la chica con anorexia hipotética que mencionamos es que es para ella una verdad que la delgadez es un signo socia (teoría)l de belleza y estatus (realidad) de los sectores donde ella y su familia se desenvuelven (paradigma). La interacción y retroalimentación continua de sus elementos conceptuales permiten que éste se mantenga con las fatales consecuencias. Pensemos entonces en nuestras propias premisas con respecto al amor, al trabajo, al éxito personal y profesional. Veremos que al hacer el ejercicio, requiere de una revisión de los conceptos que sólo pueden estar deteniendo nuestro avance. Pero recordemos, el Cubo budista sólo existe en cuanto le otorguemos solidez en nuestra mente. Así funcionan los conceptos del discurso de poder, "[...] adoptamos el supuesto general de que las personas experimentan problemas [...] cuando las narraciones dentro de las que >>relatan<< su experiencia -y/o dentro de las que su experiencia es >>relatada<<

por otros- no representan suficientemente sus vivencias [...] supones también [...] habrá aspectos significativos de su experiencia vivida que contradiga estas narraciones dominantes"(White & Epston, 1993, p. 31). Hay momentos en que el miedo está apaciguado y feliz consigo y por ende, la persona donde habita, su anfitrión, está igualmente en paz. El miedo puede ser relatado desde la matriz cultural y por ende, ser un discurso de poder paralizante.

La visión narrativa emplea la analogía de los problemas como textos ya que "[...] la analogía del texto propone la idea de que los relatos o narraciones que viven las personas determinan su interacción y su organización, y que la evolución de las vidas y las relaciones se produce a partir de la representación de tales relatos o narraciones [...]" (White & Epston, 1993, p. 29). Esto posibilita re-escribir la narración de vida con varios finales alternativos a partir de la revisión de las premisas de inicio de la vida "[...] considerar la interacción de las personas como la interacción de los lectores respecto de ciertos textos. Esta analogía hizo también posible concebir la evolución de las vidas y las relaciones en términos de lectura y escritura de textos, en la medida que cada nueva lectura de un texto es una nueva interpretación de éste, y por lo tanto, una nueva forma de escribirlo" (White & Epston, 1993, pág. 27), así como de relacionarse con el problema. Este proceso de desvincular a la persona con su narración del problema se le conoce como externalización que es "[…] un mecanismo para ayudar a los miembros de la familia a apartarse de las descripciones >>saturadas por el problema<< de sus vidas y relaciones (White, 1984, 1986ª, 1986b, 1986c, 1987)" (White & Epston, 1993, pág. 21).

Desde aquí conceptualmente se entenderá que hay una persona con una condición hipertensa o diabética no un hipertenso o diabético. La persona no es su enfermedad; no hay una relación esencialista entre los dos ya que la enfermedad sólo existe en cuanto la persona la tiene. En esto entra el término *condición*, hablar de ésta como lo haríamos del clima, implica abrir *la posibilidad* de que cambie. Aun en el caso de la diabetes, no ha habido casos *reportados/ documentados* hasta ahora de remisión espontánea de la *condición*, pero ausencia de evidencia no es evidencia de ausencia. Hay una persona con una condición anoréxica situada dentro de un discurso saturado del problema que domina su horizonte de posibilidades *presente* pero no necesariamente de su futuro.

La externalización del problema:

1. Hace disminuir los conflictos personales más estériles incluyendo las disputas en torno a

quién es responsable del problema.

2. Combate la sensación de fracaso que aparece en muchas personas ante la persistencia del problema pese a sus intentos de resolverlo.

3. Allana el camino para que las personas cooperen entre sí, se unan en una lucha común contra el problema y logren sustraerse a su influencia.

4. Abre nuevas posibilidades de que las personas actúen para apartar sus vidas y relaciones de la influencia del problema.

5. Permite a las personas afrontar de un modo más desenfadado, más eficaz y menos tenso problemas que parecían >>terriblemente serios<<.

6. Ofrece opciones de diálogo, y no de monólogo, sobre el problema (White & Epston, 1993, p. 54).

Externalizar el problema es poner el problema donde en primer lugar debería estar: fuera de nuestra identidad. El problema no es un problema hasta que es o lo hacemos un problema. Externarlo implica mirarnos desde la perspectiva del problema: ¿cómo nos ve nuestra ansiedad? ¿El temor a cambiar de actividad laboral está contento con nuestra angustia? ¿Una relación de pareja basada en el conflicto le produce miedo al miedo? La posibilidad de colocar fuera y deconstruir las premisas del problema permiten reconocer las partes del discurso que no son nuestras sino heredadas o insertadas amén de que la salida de la narrativa del problema da paso a la entrada a otras llenas de posibilidad, esperanza, humor y creatividad, a tomar, como diría el poeta Robert Frost (1874-1963) "el camino menos transitado"; en un mundo socialmente construido lleno de tanto miedo y angustia, el camino menos transitado es aquel de la coherencia propia entre sentir, decir y pensar con amor y humor.

Externar un problema va más allá de ponerle fuera de nosotros y desligarnos de toda responsabilidad; implica no un exilio sino una relación. Hemos asistido a un monólogo compartido con el problema: él es nuestro superior y dicta quién somos. Hasta el momento en que consideramos y creamos las condiciones para una relación de diálogo de tú-a-tú con él y una relación implica obligaciones y derechos colaterales, límites y funciones. ¿Cuándo fue la última vez que hiciste esto con problema? ¿A qué tiene derecho, a qué tienes acceso? ¿Cuáles son los límites que le has fijado así

114

como los que te ha fijado? ¿Qué funciones de subsistencia te ha otorgado y cuáles le prodigas día con día? ¿Qué trabajo tiene que hacer cotidianamente en tu vida para que no le despidas por ser un problema irresponsable?

Expulsar al problema sin escucharle sólo hace que se enoje; sentarnos a darle un lugar y voz, lo tornará en un problema soluble. Lo mismo pasa con el miedo: la forma de evitar el temor del miedo es darle su lugar donde le corresponde, sin más ni más, lo hará un miedo feliz, "en su esfuerzo de dar un sentido a su vida, las personas se enfrentan con la tarea de organizar su experiencia de los acontecimientos en secuencias temporales, a fin de obtener un relato coherente de sí mismas y del mundo que las rodea [...] el éxito de esta narración de la experiencia da a las personas un sentido de continuidad y significado en sus vidas, y se apoyan en ella para ordenar la cotidianeidad e interpretar las experiencias posteriores [...]"(White & Epston, 1993, pág. 27).

Retomando, cada problema que llegamos a tener tiene un discurso que le subyace; podríamos decir que es el "subtítulo" de los diálogos de la película que es nuestra narrativa de vida. Dicho discurso nos coloca con respecto a un problema o grupo de problemas en una postura sumisión, igualdad o superioridad en las que podemos ser víctimas, héroes o juguetes del destino: "El desarrollo de una narración [...] es el proceso de definir quiénes somos, en interacción con los significados que otros perciben de nosotros [...] las posibilidades y restricciones políticas, económicas, sociales y culturales fijan los límites de nuestras narraciones [...] esta narración, o sentido del yo, no surge sólo por medio del discurso con otros, sino que es nuestro discurso con otros [...] nos >>revelamos<< a nosotros mismos en cada momento de la interacción, por medio de las continuas narraciones que intercambiamos con otros [...]" (Lax, 1996, p. 95).

Trabajar desde el marco de posibilidades implica ser capaces de pensarnos desde los momentos en que, a pesar de que el problema existía, decidimos hacer las cosas. En la construcción cotidiana se entiende el "valor" como no tener miedo cuando justamente el valor es todo lo contrario: hacer las cosas aún a pesar del miedo. Tal vez por ello los últimos superhéroes de las películas les muestran "humanos" seres que por eso son extraordinarios porque su miedo no les abandona, lo instrumentan.

Este aspecto de instrumentar una situación precisamente en Terapia Narrativa "[...] he llamado a aquellos aspectos de la experiencia vivida que caen fuera del relato dominante, >>acontecimientos extraordinarios<< [...] incluyen toda la gama de sucesos, sentimientos, intenciones, pensamientos, acciones, etc., que tienen una localización histórica, presente o futura, y que el relato dominante no puede incorporar [...]"(White & Epston, 1993, p. 32).

Precisamente ahí está el quid del asunto: el miedo es un discurso dominante en cuanto a que es malo y debe evitarse, sin caer en la cuenta de las cosas que ha hecho la persona para vivir a pesar de ella o bien, cuando la ve como un componente cognoscitivo más que una esencialidad, "La externalización del relato saturado del problemas puede iniciarse fomentando primero la externalización del problema y rastreando después la influencia del problema en la vida y las relaciones de la persona [...] al lograr separarse de la descripción de la vida saturada por el problema, de la lectura habitual del relato dominante, las personas están en mejores condiciones para identificar los acontecimientos extraordinarios" (White & Epston, 1993, pp. 32-33). Percatarnos de que nuestra persona es mucho mayor y rico en narrativas que un discurso de poder es el principio del cambio y el punto de inflexión para desmontar la idea de que mi identidad (quien soy) es lo mismo que mi problema (narrativa)ya que "Identidad y narrativa son productos históricos, resultado directo de la relación del sujeto con la sociedad a lo largo de las etapas del ciclo vital [...] e incluye las interpretaciones de la realidad que le son propias de

117

los grupos de pertenencia del sujeto […]" (Linares, 1996, p. 28). Lo que tengo por cierto puede ser el producto de una idea que me han repetido infinidad de veces a lo largo dela vida que he vivido hasta el momento. Pero al igual que un CD rayado, la repetición de una frase de la canción al momento de reproducirla no la hace verdadera, sólo hace inútil al oído su contenido. Cuando esto ocurre, el miedo ha sido desarticulado y puede convertirse en un miedo feliz.

BASTA DE TENER MIEDO

TERCERA PARTE: Conclusión. El viaje exterior. El miedo feliz.

ARCANO MAYOR: *El mago. Representa el dominio del conocimiento, el equilibrio la apropiación de los conocimientos adquiridos en el viaje personal.*

TERCER REFERENTE MÍTICO: *Hércules.*

TAREA: *Transitar y aprobar las ordalías de las crisis del desarrollo personal.*

El miedo, en síntesis, es la amalgama de sentimientos persecutorios y culpígenos. Es la representación externa de vivencias primitivas que se actualiza en las situaciones que enfrentamos día con día y éstas, refuerzan las convicciones internas en un proceso circular que se alimenta a sí mismo. El miedo externo puede ser diseñado para manipular el sentido de culpa para buscar expiación o bien, para provocar la conducta irracional de ataque/huida sobre el privilegio de la razón. Un miedo, pensamos, no puede ser una emoción benévola cuando nos persigue a menos que la amistemos con ella misma y con nosotros. Usando las metáforas que emplea George Lucas en *Star Wars: Revenge of the Sith (Lucas, 2005)* citaremos lo que dice el futuro Emperador Palpatine a Anakin Skywalker: "… para tener una visión más amplia de la Fuerza, hay que conocer el Lado Luminoso y el Oscuro...". Traduciéndolo a términos de Carl Gustav Jung, debemos trabar conocimiento y relación tanto con los aspectos conocidos así como lo que él denomina la Sombra: aquellos elementos que nos inspiran vergüenza o temor y por ello han sido relegados a los rincones de nuestra de nuestra persona (Jung, 1951). En un momento dado, la Sombra puede tomar control cuando a fuerza de ignorar su contenido, ésta comienza a hacer sentir su presencia por medio de angustia, ansiedad o actos cotidianos que se alejan de aquello que, supuestamente, no debemos hacer o desear.

Los miedos entonces no son sino el lenguaje de la Sombra. Son el discurso que hemos querido ignorar de nuestros miedos, anhelos, sueños y metas que nos han dicho son inalcanzables o indignos de obtener. La única forma que conocemos de que un miedo deje de causarnos miedo es dialogar con él y ver en realidad qué es lo que nos está diciendo, qué es lo que desea. Cuando esto ocurra, tendremos entonces lo que llamamos un *miedo feliz*. Los miedos felices son una forma de indagación de quiénes somos y a dónde vamos. Los miedos son señaladores del camino: indican dónde hemos estado y hasta dónde se nos permite transitar con la vista de las expectativas.

BASTA DE TENER MIEDO

¿Un miedo feliz es aquel que ha apaciguado la culpa, es decir no tiene por qué ser persecutorio y se torna sólo precautorio? Sí.

Pensemos en Orestes, para cerrar este apartado, perseguido por la culpa por haber matado a su madre Clitemnestra según el relato de Homero; es asolado por las Erinias, "las persecutoras" personificación de la venganza matricida en 3 mujeres que, cuando apaciguadas se tornan las Euménides, "las benévolas". Los miedos felices, son entonces, aquéllos capaces de superarse y trocarse en experiencias gratificantes así como edificantes y didácticos; los miedos felices dejan de tener miedo a que no se les experimente y se vuelven maestros; las figuras persecutorias apaciguadas y felices se dirigen al interior para reestructurar el mundo psíquico y su correlato en la realidad socialmente construida.

Ya en posesión de nosotros mismos, podemos ahora comenzar nuestro viaje. Podemos decidir ahora qué hacer con nuestro miedo a la pérdida, a la derrota, al qué dirán y se abre ante nosotros un horizonte de posibilidades. Martha Beck, una coach y socióloga menciona un ciclo del cambioen su libro "Finding your own north star. Claiming the life you were meant to live". ("Encontrando tu propia estrella polar. Reclamando la vida que estabas destinado a vivir")

(2001).Éste consiste en un evento originario que pone en movimiento nuestra vida, un acelerador del cambio que ella denomina catalítico; puede ser un divorcio, una pérdida de trabajo, una condición de salud. Es una anomalía en nuestra vida. En los conceptos de Joseph Campbell (1959:53), es "la llamada a la aventura".

Dicha pérdida requiere que haya una muerte de la identidad que hasta ése momento teníamos. Buscamos desesperadamente regresar a lo de "antes" del evento cuando, irónicamente, fueron justo las condiciones de vida que no funcionaban lo que nos llevó a dicha pérdida. Regresar a lo de antes es condenarnos a repetir el punto una y otra vez. Tras la muerte de la identidad, viene una resurrección, una nueva identidad que por ende tiene nuevas necesidades y horizontes que contemplar. Esto corresponde al momento dos del ciclo. Nos atrevemos a proyectar una vida diferente y narrada desde nuestros deseos. Cuando esto ocurre, se pone en movimiento el tercer momento: el viaje del héroe. Las peripecias, aliados y pruebas que debemos superar y aprender de ellas para entrar finalmente en nuestra tierra prometida: todos nuestros sueños hechos realidad. Los cuadros uno y dos pertencen al mundo de las ideas, los conceptos que tenemos por brújulas. Los cuadros cuatro y 3 pertenecen a la puesta en escena de los conceptos sea para crecer o estancarnos.

122

Los cuadros uno y cuatro son los cambios mínimos que hacemos para iniciar el cambio o instalarnos en nuestras nuevas condiciones. Los cuadros dos y tres corresponden a los momentos de soñar en grande así como asumir la aventura de lanzarnos por nuestra meta.

Pero ojo, aquí sólo termina el ciclo de manera temporal. Es menester reinventarnos y crear microidentidades nuevas día con día en la búsqueda de la innovación y crecimiento personal.

CICLO DEL CAMBIO
(Beck,2001:245)

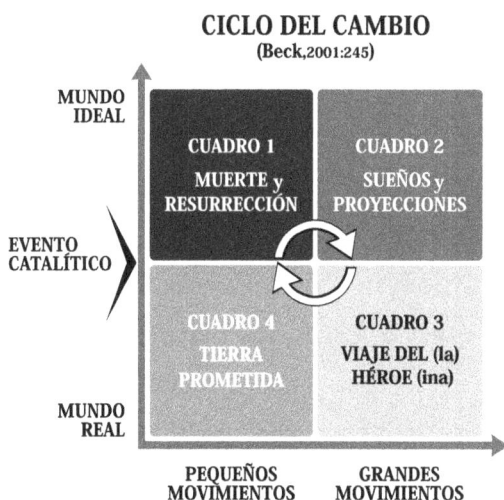

MUNDO IDEAL

CUADRO 1
MUERTE y RESURRECCIÓN

CUADRO 2
SUEÑOS y PROYECCIONES

EVENTO CATALÍTICO

CUADRO 4
TIERRA PROMETIDA

CUADRO 3
VIAJE DEL (la) HÉROE (ina)

MUNDO REAL

PEQUEÑOS MOVIMIENTOS

GRANDES MOVIMIENTOS

Los eventos extraordinarios de personas contemporáneas que han narrado los relatos que nos resuenan de manera especial, J. K. Rowling y George Lucas, radican no en que sean diferentes de quienes somos nosotros; ellos también estuvieron bajo el imperio de discursos saturados del problema así como discursos de poder ("los libros infantiles no tienen altas ventas"; "¿qué es eso de un sable láser de un caballero Jedi en una galaxia muy, muy lejana?") que en su sentido "común" (el menos común de los sentidos, dicho sea de paso) hablaban de fracaso para sus proyectos. Pero la diferencia radicó en que se percataron que lo extraordinario es el "extra" que se da en lo que se hace y en ocasiones el extra es simplemente escribir y mandar nuestra propuesta o hacer algo nuevo y diferente. No se trata de cuanta gente dice "no" a nuestra visión; basta que una diga "sí" para que la magia se eche a andar.

En los casos mencionados, los miedos por eso se vuelven felices; porque no son unilaterales podemos vernos en ellos. Los miedos felices son aquellos que hacen que la ansiedad persecutoria se aminore; está el temor a perder el objeto, pero no al grado tal que paralice del terror.

Proponemos por último, empleando la herramienta narrativa de la externalización, simbolizar la ansiedad persecutoria en un texto creado y re-creado en que reescribimos nuestra relación con el temor; nos

BASTA DE TENER MIEDO

apropiaremos del miedo en lugar de que éste lo haga con nosotros. Le tornaremos aliado, un aliado feliz. Podremos divertirnos así como conocerle íntimamente estaremos liberados del discurso saturado por el problema del miedo.

ACTA DE ADOPCIÓN OFICIAL

A ___ Del año ___

Por medio de la presente, acepto incondicionalmente la adopción de mi medio para proveerle de experiencias gratas y edificantes que le permitan vivir conmigo hasta la fecha en que de mutuo acuerdo decidamos disolver la unión que ahora celebramos.

Yo me comprometo a aprender lo que él quiera mostrar con respecto a mi persona y potencialidades. por mi parte, me comprometo a enseñarle los lugares que el no ha tomado en cuenta para vivir en mi vida presente.

De aquí en adelante me ocuparé de trabajar para hacer de mi miedo, un miedo feliz en mi vida.

Firma de conformidad _____

Ciudad, Estado y País _____

Bibliografía

Lax, W. D. (1996). El pensamiento posmoderno en una práctica clínica. In K. J. Sheila McNamee, La terapia como construcción social (1ª ed.). Barcelona, España: Paidós.

Campbell, J. (1959). El héroe de las mil caras. Psicoanálisis del mito. México: Fondo de Cultura Económica.

Campbell, J. (2004). Pathways to bliss. Mythology and personal transformation. Canada: New World Library.

Lechuga, G. (2007). Foucault. México, D.F.: Biblioteca Básica. Universidad Autónoma Metropolitana.

Linares, J. L. (1996). Identidad y narrativa. La terapia familiar en la práctica clínica (1ª ed.). Barcelona, España: Paidós terapia familiar.

White, M., & Epston, D. (1993). Medios narrativos para fines terapéuticos. España: Paidós terapia familiar.

Tubert-Oklander, J. (n.d.). Psicomundo. La red psi en internet. Retrieved 18 de 12 de 2011 from http://www.herreros.com.ar/melanco/oklander.htm#2

Beck, m. (2001). Finding your own north star. Claiming the life you were meant to live. (1ª ed.). New York, U.S.A.: Three rivers press.

Joan L. Biever, Monte Bobele, Glen T. Gardner, Cynthia Franklin. (2005). Perspectivas postmodernas en terapia familiar. In G. L. Compilador, Terapias Postmodernas. Aportaciones construccionistas (1ª ed.). México: Pax.

Klein, M. (1948). Sobre la teoría de la ansiedad y la culpa (Primera en España ed., Vol. III. Envidia y Gratitud). Paidós.

Klein, M. (1990). "El desarrollo temprano en la conciencia del niño". In M. Klein, Amor, culpa y reparación (Vol. I). España: Paidós.

Klein, M. (1963). ALGUNAS REFLEXIONES SOBRE "LA ORESTIADA". In M. Klein, Envidia y Gratitud. (1ª en español ed., Vol. III). España: Paidós.

Klein, M. (1957). Envidia y Gratitud (1ª en español ed., Vol. III). España: Paidós.

CAPITULO 3

Rituales y prácticas para invocar al miedo: Ritos iniciáticos, mitología comparada y heavy metal

Renato Padilla Gómez

> *"Si hay algo que me molesta más*
> *que no me tomen en serio, es que*
> *me tomen demasiado en serio"*
> -Billy Wilder
> **(Aunque bien lo pudo decir El Miedo)**

INTRODUCCIÓN

Fernando Savater suelta, en el prólogo de El día del niño (Savater, 2003, pág. 11), una frase bastante interesante: "Negar el miedo es como negar la risa". Desde el mismo momento que la frase cruzó mis ojos un río de preguntas se amontonaron en mi pobre cabeza. Empecé, como espíritu curioso que la Ilustración me ha heredado, a observar y preguntarme cada vez con mayor escrutinio, si la afirmación de Savater era cierta. La primera respuesta fue sí. Y esto es cierto en tanto que permite descubrir el miedo como algo perfectamente natural.

BASTA DE TENER MIEDO

El que seamos seres históricos nos ha hecho trascender la dimensión natural en muchos casos: La civilización es la más grande prueba. Pero trascender en ningún sentido significa destruir o dejar de lado. Implica que perpetuamos nuestra existencia natural en una dimensión cultural, y por lo tanto, alcanzamos cierto tipo de inmortalidad.

El miedo, por tanto, puede ser identificado desde estas dos posibilidades: un miedo totalmente natural (un instinto, una respuesta) o un dispositivo socialmente integrado a nuestra vida, para ponerlo en términos parecidos a los de Foucalt (1975, pág. 205). El miedo instintivo, por ponerle un título, no sólo es necesario en nuestras vidas (supervivencia), es incluso deseable.

En su obra Understanding comics: The invisible art (1993, pág. 164-167), Scott McCloud refiere que hay únicamente tres actividades humanas: los dos instintos primigenios (supervivencia y reproducción) y el arte (que en términos de la investigación social sería la cultura). McCloud brillantemente reflexiona en cómo los dos instintos, reproducción y supervivencia, siguen llevándose a cabo en la vida cotidiana del ser humano y siguen motivando la mayoría de sus acciones; sólo que mediados por un proceso artístico (cultural). Es decir, no hay que escapar de un tigre dientes de sable, pero hay que llegar a tiempo al trabajo.

Esto contribuye a pensar que el miedo (supervivencia) es realmente deseable. Sin éste la evolución y la civilización (evolución cultural) no hubieran sido posibles. Digamos que se sofisticó el miedo; pero como toda sofisticación, puede caer en un abuso corruptivo; este abuso provocó el constructo integrado a nuestras vidas del que ya hablábamos. Es decir, un miedo cultural, o no natural.

Sea por buena intención, por fines educativos, por razones religiosas o políticas, por principios ordenadores o por motivaciones mucho más mezquinas, el miedo ha formado parte de la construcción del ser humano en el plano más complejo de interacción: el social. Es el otro el que me enseña a temer a ciertas figuras reales, míticas o imaginarias; es el otro quien me educa en temor al castigo; es el otro quien me amenaza. Al final, y como apunta Foucalt, la ley (en este caso la del miedo) pasa de ser terreno del Rey a ser de la familia (1975, pág. 205). Subsecuentemente, uno mismo. Ante este escenario no hay necesidad del Gran Hermano orwelliano. Cada uno es su propio Gran Hermano.

Como el miedo surge ante todo como un proyecto (hacia delante), el ordenamiento social necesitó crear otro instrumento que capitalizará las acciones ya realizadas. Un instrumento que, como en el cuento de Poe, *El corazón delator* (1843), destrozará las posibilidades de escapar de las normas. Un elemento que mirara hacia atrás. Fue entonces cuando se inventó la culpa.

No quiero decir con esto que las normas sean una maquinación espantosa de un Gran Arquitecto Social que nos destroza. No. El mismo Rousseau (1762, pág. 48-49) explicó claramente que la norma fue creada para favorecer la convivencia. El ser humano dona un fragmento de su libertad (actitud racional) para defenderse a sí mismo (y a los otros), de sí mismo (y de los otros). Esto, explicado desde la naturaleza bondadosa que suponía el autor ginebrino en el ser humano, es un tanto insostenible; pero en conjunción con la frase legendaria de Hobbes, terminan por matizar el asunto: "El hombre es el lobo del hombre".[1]

Entonces, ¿qué hicimos mal? La función del contrato social, de la norma, de la ley es ambivalente: es un mecanismo

---

[1].El lobo, de alguna manera inconsciente, se ha vuelto el arquetipo de la voracidad. Lo vemos en Caperucita, lo vemos en Los tres cochinitos, en Pinocho. La dominación del lobo se perpetuo en el mundo cristiano a través de figuras como la domesticación que de este hace San Francisco de Asís, la dominación es por medio de la vida asceta. En el mundo pagano se domina al lobo por medio de la civilización: Rómulo y Remo, fundadores de Roma.

de convivencia, como lo ha explicado Rousseau; y también es un elemento coercitivo, es el castigo que se merece. Estas ambivalencias, como lo veremos más adelante, son propias del carácter dicotómico que entendemos los seres humanos (varón y mujer, placer y dolor, miedo y amor, hetero y homo, bueno y malo); pero este elemento coercitivo ha sido el que ha perdurado y sobresalido en la aplicación y enseñanza de la ley.

El ser humano vive, entonces, invalidado para la acción. Porque mientras las fuerzas del miedo (por seguir con el tema, a la ley) lo jalan hacia el futuro incierto; las energías de la culpa (por incumplir la ley) lo atan al pasado. El ser humano es entonces desgarrado, desmembrado, por el tiro de estas dos fuerzas. El ser humano está escindido, separado, de él mismo, y de la realidad social en la que debería poder actuar con más libertad.

¿Cómo puede entonces el miedo ser deseable en estas condiciones? ¿Cómo puede un enemigo tan grande ser adoptado como escudero, como guardián o como maestro? La respuesta se aleja de nosotros en términos de la certeza. Me explico. Tras la Revolución Industrial y la Ilustración (Siglos XVII y XVIII), la sociedad vio con malos ojos todo aquello que no fuera racional. Los principales afectados, como pueden imaginarse, fueron el mundo emocional, el mundo artístico y el mundo mítico-religioso. Pero mientras las certezas que exigía un mundo totalmente entregado a la razón aparentemente crecían, más profundos se hacían los miedos, las culpas, los agravios de una sociedad que en su subsuelo ideológico nunca los abandonó y más bien alimentó con la más nutrida dieta: la indiferencia.

¿Por qué me refiero a ella como la más nutrida dieta? Podemos imaginarnos a los miedos, infelices ellos, abandonados en un desván, olvidados, llenándose de rencores y pensamientos oscuros. ¡Deseosos de libertad y poder atemorizar tranquilamente! Aun abandonados pudieron subsistir. Aun cuando no se les alimentaba con la dieta balanceada y natural de las emociones humanas, lograron, ante todo, sobrevivir por medios inconcebibles.

El mismo olvido los alimentó y los hizo más fuertes. El olvido no los destruyó, sólo provocó que, cuando pudieron, escaparan con la intensidad que sólo los rencores saben dar: Dos guerras mundiales, genocidios, crisis económicas, regicidios y otros demonios del siglo XX. Es lógico ver esto en retrospectiva. Los positivistas y otras racionales pensadores del siglo XIX, en auge de palabras como civilización y evolución (yo mismo las he usado en este texto) nunca hubieran podido imaginar los hijos bastardos que provocaría esta sumisión a la razón en deterioro de otras formas de estar en la realidad. Lo religioso y lo mítico, fue tachado de supersticioso (y por lo tanto peyorativo); lo emocional de femenino (como si esto fuera inferior) y lo artístico, como irracional (es decir, invalido)[2].

Lo cierto es que negar el miedo y negar el uso de otros recursos fuera de la razón para tratarlo provocan que el miedo se alimente de peores bocadillos (traumas, culpas, malas experiencias, racismo) y desemboque en que tanto el miedo, como el que lo tiene, sean infelices. Desterrar al miedo a un terreno alejado de nosotros mismos lleva, y eso nos lo manifiesta la historia, a impedir miedos felices.

¿Entonces dejamos que el miedo nos domine así sin más? No. Porque entonces el miedo podrá estar tranquilo, pero el humano no. ¿Cuál es entonces la clave para convivir y sobrellevar una buena relación? La propuesta es aplicar el mismo recurso que con la convivencia entre los hombres: Reglas. Pero siendo el miedo la criatura irracional que es no podemos atenernos a leyes estructuradas desde la razón. La propuesta es hacer una reglamentación de convivencia con el miedo basada en la intuición, en lo lúdico y en lo espiritual

---

2.Esta predisposición a juzgar al "otro", al diferente (que es muy humana, muy animal y muy natural) sumado al entendimiento moderno de un solo camino de civilización y una sola ruta de evolución va a provocar, ya lo veremos más adelante, uno de los vicios del miedo.

BASTA DE TENER MIEDO

(en sus dimensiones mítica y ritual principalmente).

Para dicha implementación de normas debemos empezar por definir qué miedos son con los que queremos convivir y con cuáles no. Un primer acercamiento de esto es separar los miedos que son naturales y, me aventuro a decir, vírgenes (porque no han sido "toqueteados" por el ser humano) de los que están depositados en nosotros culturalmente. Estos últimos están agrupados en tres categorías generales que deberán ser analizadas finamente en otro momento. Se adelanta la división para que se empiece a tener una idea: Enemigo interno, La Cacería de brujas y El arma[3].

Finalmente, se pasa a estructurar esta reglamentación desde los aspectos antes mencionados (intuición, lo lúdico y lo espiritual) a partir de, principalmente, la influencia de tres propuestas conceptuales (si es que las podemos llamar así): la tradición judeocristiana (contenida en la Biblia), las enseñanzas del budismo y la reflexión intuitiva y filosófica de Epicuro, cabeza de la escuela hedonista griega[4].

3.Esta división no es mía, como indicaré más adelante; sino del músico y escritor Neil Peart.

4.El hedonismo a la fecha ha sido considerado espantosamente como una escuela totalmente irracional, dando por sentado que pone al placer por encima de todo lo demás. Esto es parcialmente cierto, porque aunque Epicuro daba al placer un lugar privilegiado, lo hacía desde la conciencia de lo racional. Digamos, por ahora, que es un camino intermedio.

LOS MIEDOS FELICES

Me refiero a estas influencias como "principales" pero no únicas. Esto porque a ellas se les suman reflexiones obtenidas de otras religiones y filosofías; así como una gama de citas sobre películas, cómics, literatura y canciones de rock y heavy metal.

Parte I: Clasificar para ordenar. Ordenar para entender

Neil Peart en su prolífica carrera como letrista de la banda canadiense *Rush* ha plasmado un mundo intermedio entre el racionalismo más exacerbado y la pasión desenfrenada del rock. Ejemplos del balance de estos dos caminos no sólo los encontramos en la música de *Rush*, también han estado presentes en las reflexiones de Platón, Nietzsche y Freud, por mencionar algunos. Incluso dedicó un álbum completo a esta reflexión: *Hemispheres* (1978).

Poco después de hacer esta reflexión tan pasional y tan racional; los miembros de *Rush* empezaron un camino de experimentación musical; en el caso de Peart (que además de ser el encargado de componer la letra de las canciones es el baterista de la banda), le sobrevino una reflexión sobre la cotidianidad. En este marco es que aparecen tres canciones que marcan los pensamientos del canadiense acerca de un tema, que es el que nos concierne: El miedo. Peart anota que "La idea para la trilogía fue sugerida por un anciano que decía que él no pensaba que la vida estuviera regida por el amor, la razón, el dinero o la búsqueda de la felicidad; sino por miedo"[5].

Esta posición "cínica pero inteligente", como el mismo Peart la llama, indicaba que los seres humanos no realizan sus acciones por el deseo de algo bueno; sino por el miedo a que algo terrible suceda. Uno trabaja por miedo a no tener cómo subsistir; uno ama por miedo a estar solo; uno se viste de tal o cual manera por miedo a no pertenecer; uno lee o no ciertas cosas por miedo a no "estar a la altura". El mundo se construye, entonces, como un cúmulo de miedos cotidianos, prácticos e insuperables.

¿Qué hacer entonces contra un mundo regido por el miedo? En otros términos, si estas son las reglas que rigen al mundo, ¿cómo vivir sin miedo en un mundo donde la norma es, justamente, el miedo? La respuesta es sencilla: No se puede. Y no se puede en la medida que el miedo sea observado como un enemigo a quien perseguir. El miedo se defenderá, se atrincherará y finalmente encontrará la manera de imponerse como único señor de las acciones cotidianas. Finalmente, los mitos y cuentos nos hablan de los grandes héroes con sus aventuras extraordinarias, cuando

---

5. Peart, Neil. *Rush Backstage Club Newsletter*. Enero de 1994 (La traducción es mía)

en realidad lo que está en juego es la imagen de lo ordinario en la vida de los héroes ordinarios: nosotros (Campbell, 1949).

Entonces esto refuerza la necesidad de esa reglamentación propia que cada uno haga con sus miedos. Una vez más, el miedo natural, ese impulso que refuerza la supervivencia, no puede (no debe) ser destruido. Es un seguro de vida, una defensa, somos nosotros luchando por no ser extinguidos. Pero en cambio están esos miedos enseñados, constituidos, heredados y llevados a cada generación que ha estado conectada a determinado grupo. Las familias, las religiones, el gobierno, las escuelas han nutrido, a veces sin desearlo, los miedos y las culpas que nos atan al pasado tormentoso y al futuro incierto. La envidia nos termina por destrozar al no hacernos conscientes de nosotros, sino de lo que NO somos nosotros. A estos miedos son los que habrá que poner en su lugar.

Si bien entiendo que la mayoría reaccionará negándose a la posibilidad de que el miedo sea lo que controla sus vidas y no su fe, su amor, uno mismo, tenemos que aceptar dos asuntos: Primero, que si uno observa con detenimiento la postura del miedo motivador tiene elementos de certeza; y dos, el mismo Neil Peart empezó por oponerse a estos pensamientos para encontrar después que eran ciertos.

BASTA DE TENER MIEDO

No es que deba ser así, es que así es. Pruebas de estos son el miedo al "qué-dirá", miedo a "perderla/lo", miedo a no cumplir el sueño, miedo a tantas y tantas cosas que en verdad no tenemos. Pero para poder entender esto como realmente es, hay que entender primero cómo funcionan estos miedos socialmente construidos y después proponer una reglamentación. En el último momento fundamentar nuestra decisión de normas en algún principio filosófico.

Peart continúa su reflexión sobre el miedo y percibe que el miedo (y sin llamarlos como nosotros, habla de los no naturales) puede ser dividido en tres categorías:

- El enemigo interno, cómo el miedo funciona dentro de nosotros.

- El arma, cómo el miedo es usado contra nosotros.

- La cacería de brujas, cómo el miedo es usado en la mentalidad de la sociedad.

Lo que toca ahora es cortar fino en estos "tres escenarios del miedo" para poder actuar en ellos como es debido.

Parte II: El enemigo interno

Steve Harris, bajista y fundador de la banda inglesa de heavy metal *Iron Maiden*, en la letra de la pieza *Fear of the*

LOS MIEDOS FELICES

Dark, del disco homónimo de 1992, plantea a través de una las figuras más representativas (la oscuridad, la noche) una doble pregunta: ¿están justificados esos miedos que tengo yo? O ¿esto solo ocurre en mi mente?

> Maybe your mind is playing tricks
> You sense, and suddenly eyes fix
> On dancing shadows from behind[6]

Esto es justo lo que Peart menciona como el enemigo interno, este miedo alimentado y depositado en nosotros que nos hace perder el control de lo real: Es un enemigo interno. Estos pensamientos no estaban del todo en nosotros cuando nacimos (sólo el impulso de sobrevivir a lo extraño), fue alimentado por nuestras experiencias y por la forma en la que fuimos educados. Este mecanismo es el que confunde al miedo con la culpa, este es el que alimenta la falta de seguridad y el sentirnos débiles e inseguros ante un mundo mucho más grande que nosotros. En muchos sentidos este es el miedo original, el génesis de los otros dos. Este tipo de miedo destruye nuestra percepción de la realidad y provoca un espejo difuso donde no podemos vernos bien a nosotros mismos, a los otros (Cacería de brujas) o a nuestras propias acciones (El arma).

---

6. "Tal vez tu mente esté jugando trucos/ tú sientes, y de repente los ojos se fijan/ en sombras que bailan por detrás". Una vez más, la traducción es mía

BASTA DE TENER MIEDO

Este miedo destruye nuestra seguridad, nuestro espacio vital y nuestro propio ambiente. Cuando no sabemos quiénes somos tampoco sabemos quién es el otro. En el cómic de Watchmen, Alan Moore y Dave Gibbons (1986) plantean una historia secundaria donde un capitán del barco es atacado por piratas[7]. El barco del capitán es destruido y toda su tripulación asesinada. Sólo sobrevive el capitán. Derrotado y sin esperanzas, el marinero (que no por descuido no tiene nombre, sino para que sea ninguno, sea todos[8]) se encuentra varado en una isla desierta tras el naufragio. Viendo alejarse El Navío Negro (el barco que los atacó) y descubre que se dirigen hacia el puerto del cual el partió. Con los cadáveres de sus compañeros y unas ramas se improvisa una barca para tratar de salvar a su pueblo, a su esposa y a sus hijas.

Quemados por el sol, la sal del mar y sus propios pensamientos que lo devoran, el marinero sobrevive a la peste de los cuerpos hinchados de sus colegas, a un ataque de gaviotas que devoran los cuerpos (y que él las devora a ellas) y al acecho de los tiburones. Cualquier hombre se hubiera rendido, pero no él. Alimentado por su miedo, por

---

7. Watchmen y los Relatos de El Navío Negro fueron creados por Alan Moore y Dave Gibbons y son propiedad de DC Comics.

8. Este juego del anonimato y la identificación es recurrente en la obra de Alan Moore. Lo utiliza en La Broma Mortal, en V de Venganza y en La Liga de los Caballeros Extraordinarios, por citar algunos otros ejemplos.

su esperanza y por el deseo de no fallarle a su esposa e hijas como le falló a su tripulación; el marinero logra llegar a su pueblo. Él se da cuenta que llega tarde. La esperanza se convierte en venganza.

Asesina a un traidor de su poblado que fornica en las praderas cercanas al puerto.asesina también a su compañera y utilizando las ropas del otro y amarrando a la mujer a un caballo, regresa al pueblo; mientras pasa inadvertido al lado de un centinela pirata[9]. Llega a su casa donde encuentra a los piratas dormidos en las camas de sus hijas. De pronto una luz se acerca a él, ruidos se aproximan. Se esconde al encontrarse descubierto y cuando el portador de la luz se acerca, se adelanta al ataque y lo mata a golpes: Es su esposa.

En las camas de sus hijas sólo duermen sus hijas que despiertan ante los ruidos mortales. La esposa alcanza a preguntarle: "¿Por qué mi amor?", antes de morir[10]. Sus hijas horrorizadas no le ven y el pueblo, que no había sido atacado, encuentra los cuerpos de las víctimas. El marinero huye finalmente cargando en sus manos la culpa y el horror.

9.El vestirse como el otro podría ser un símbolo de que él ya no es él. Se refuerza la idea cuando los otros habitantes del pueblo no le reconocen. Para terminar de cuadrar la idea, está el hecho de que el supuesto centinela es en verdad un espantapájaros.

10.La esposa que en verdad lo conocía puede reconocerlo pese a la locura, el dolor y su cuerpo desmejorado por la travesía.

BASTA DE TENER MIEDO

En el mar encuentra El Navío Negro poblado de horrores sin nombre que venían a reclamar la única alma que siempre quisieron: La del capitán. "Soy un horror- dice él- y entre los horrores debo permanecer".

Este horror es el máximo elemento destructivo del enemigo interno. Es esa parte de uno mismo que de repente, cuando aflora, nos hace pensar: "Hay veces que me doy miedo". Sentimos envidia, rencor, lucha interna. Esto nos pasa siempre, todos los días. El miedo muta y se vuelve otras cosas, otros sentimientos y otros horrores. Es Hyde emergiendo de las entrañas de Jekyll. Es la criatura que asesina al personaje de John Hurt en Alien (1979). Es la prueba del árbol que Luke no pasa en El Imperio Contraataca (1980).

Uno se desconoce a sí mismo, eso es lo que afecta y horroriza tanto. ¿Quién creó a quién?, ¿el barón de Frankenstein a la criatura, o la criatura al barón? Si llevamos esto a nuestra vida cotidiana se ve manifestado en nuestras relaciones personales y laborales. En lo afectivo, cuando nuestros demonios internos nos hacen creer que la pareja es infiel, cometemos la infidelidad también. "Para estar a mano". La realidad es que el impulso de infidelidad ya estaba en nosotros, pero el enemigo interno nos hizo ver en el otro la culpa de algo que no podíamos asumir. "Es que eres inseguro"- le dice un miembro de la relación a la otra parte; mientras ante cualquier oportunidad acaba por ceder a la iniciativa de un tercero.

Por eso el espejo es el símbolo de la prueba más grande en las aventuras. Por eso el padre del futuro Buda lo alejó de las imágenes de enfermos, ancianos, monjes y muertos: Porque sabía bien que el príncipe se vería a sí mismo en ellos[11]. Por eso Jesús tras asumir que él era el Hijo de Dios fue al desierto[12]. Una vez allí fue tentado por el demonio, que podría interpretarse como su propia conciencia. El nazareno tenía hambre y vino la tentación del tener; se descubrió Hijo de Dios y fue probado en poseer los reinos del mundo y vino la tentación del ser; finalmente pensó "¿qué tanto me sirve ser el Hijo de Dios?" y vino la tentación del poder.[13]

En el Cristo y en el Buda, aunque de diferente carácter, las pruebas que vienen a ser su revelación ante el mundo (aún está lejos del cumplimiento de su Misión) están dotadas de espíritu autoreflexivo: El príncipe se encuentra a sí mismo débil; el carpintero, poderoso. Sin embargo ambos

---

11. La anécdota es citada con detalle en las páginas 59 y 60 de Campbell, 1949

12. Mt 3,13-17; Mc 1,9-11; Lc 3,21-22; Jn 1,29-34. Marcos y Lucas mencionan que ese espíritu (esa revelación) lo impulsa ir a desierto

13. Lc 4, 1-13

superan las pruebas con humildad y autoconocimiento. Porque mientras Cristo utiliza ese poder a favor de los otros; el príncipe Siddhartha reflexiona sobre su propio estadio y no sobre su propio beneficio mientras la muerte, la ancianidad o la enfermedad llegan. Es el cumplimiento del viejo aforismo griego: "Conócete a ti mismo"[14].

La frase, atribuida, entre otros, al filósofo Sócrates refleja un ideal antiquísimo de la civilización y que fue apagado por los ánimos colectivistas de siglos posteriores y no recuperado hasta la profesionalización (por lo menos en Occidente) de la psicología. El caso extremo y contrario es la actualidad donde el individuo es más importante que el grupo. Esto lejos de generar una verdadera conciencia del yo; escinde al sujeto del grupo y de la realidad, que es social. Los elementos persecutorios y paranoicos vienen, culturalmente, de esto. El enemigo interno confunde al manifestarse como un supuesto enemigo externo.

Es por eso que hay personas, nosotros mismos a veces, que creemos que siempre hay alguien que busca quitarnos de nuestro puesto de trabajo, que nuestras parejas parecen hechas a molde y todas son iguales o que dudas del uso que se hace de tus pagos fiscales. Lo que el

---

14. γνῶθισεαυτόν, el original.

enemigo interno está destrozando en ti es por medio de exteriorizar elementos propios. Es decir, es mejor aceptar que el otro me intenta "poner el pie" en el trabajo en lugar de reconocer que me siento incapaz para el puesto; es más sencillo ver que todas las parejas que hemos tenido son "iguales", en lugar de reconocer que las busco iguales; y es más fácil desconfiar del uso de los impuestos que reconocer que no estoy dispuesto a ser responsable y pagarlos.

Edgar Allan Poe en su famoso cuento El corazón delator, relata cómo un asesino por temer ser descubierto acaba revelando su crimen. Es el punto donde el enemigo interno te confunde el miedo con otras sensaciones, en el caso de la narración de Poe, la culpa. Todos elementos son las trampas que el enemigo interno dispone para sobrevivir. Se disfraza de otra cosa (culpa, rencor, esperanza) y confunde culpando a otros de sus acciones (enemigos externos).

En pocas palabras, uno se vuelve su peor enemigo. Es un escenario sin duda espantoso. El héroe sin nombre de El club de la pelea (1999) no puede escapar de Tyler Durden; Jekyll no puede huir de Hyde. El miedo está justo enfrente de ti:

BASTA DE TENER MIEDO

You try to scream but terror
takes the sound before you make it
You start to freeze as horror
looks you right between the eyes
You're paralyzed[15]

La buena noticia de todo esto es que el miedo debe soportarte a ti también. Finalmente, y en tanto lo veas como un elemento aparte de ti mismo puede ser controlado. Porque si bien dije que uno se vuelve su peor enemigo, esto sucede en la medida en la que uno deje que sea así. El miedo depende de ti, tú no del miedo. Tú, por lo tanto, debes usarlo a él; no él a ti. Aunque ciertamente la rémora beneficia al tiburón limpiándole los microorganismos; es la rémora quien se beneficia más del gran depredador ahuyentando los enemigos de la rémora.

El enemigo interno es la base con la cual el otro y la realidad están en juego. Otra buena nueva es que muchos de estos miedos no son tuyos. Fueron puestos por tus padres, tus maestros, tus amigos y en general, por tu sociedad. No con una mala intención; sino con el deseo de protegerte

---

15. "Intentas gritar pero el terror se lleva el sonido antes de que lo logres/ Empiezas a congelarte en tanto el horror te mira justo en medio de los ojos / Estás paralizado". Thriller fue escrita por Rod Temperton y grabada por Michael Jackson; por Epic Records (1982). En esta ocasión, también la traducción es mía.

de algo más grande. El enemigo interno es la perversión absoluta del instinto de conservación. Y si bien es necesario tener los ojos bien abiertos ante el peligro, siempre se debe hacer eso recordando que mi miedo y yo no somos la misma cosa; mi miedo me necesita más a mí que yo a él y que mi miedo no debe ser mi enemigo interno, sino mi aliado interior.

Parte III: El arma

La ciudad de Gondor ha sido sitiada. Valientes soldados murieron en los campos de Pelennor para evitar que este punto se alcanzara. No fue en vano porque también menguaron las tropas del enemigo. La fortaleza de la ciudad de Minas Tirith es casi inderrotable; pero nunca la ciudad había enfrentado una amenaza como esta. Los soldados que defienden su ciudad se apostan contra las murallas de la ciudad blanca y con la débil flama de la esperanza que aún brilla en sus corazones, se mantienen listo para el ataque. El enemigo prepara el ataque; se alistan las catapultas. Los corazones se detienen. Las armas se alistan. Se refuerzan los techos y las tapias. Se suelta la carga todos esperan grandes rocas volar contra la ciudad. En cambio una carga más ligera se estrella contra los techos, corredores, murallas y escudos de los defensores: Las cabezas de los soldados muertos en batalla. Aquí y allá, los habitantes de Minas Tirith ven una cabeza conocida, un amigo, un hermano, un padre que nunca volverían a ver. ¡El pánico se apodera de la ciudad! Minas Tirith no ha sido tomada físicamente, pero si por medio del horror (Tolkien, 1955, pág. 93-128).

El miedo es un arma poderosa. El infierno que viven los gondorianos en el relato de El Señor de los Anillos, es una muestra tangible de eso. El control de los gobiernos autoritarios a, por ejemplo, los ladrones es otra. En México durante la dictadura de Porfirio Díaz las ejecuciones de criminales eran públicas para reforzar el ideal porfiriano de estabilidad y orden. Y esto en el contexto mexicano; a nivel mundial los ejemplos sobran.

Pero aunque estas muestras del miedo parecen las más evidentes, no son, por mucho, las más comunes, ni las más perjudiciales. Es en la sutileza donde el miedo hace sus efectos. El arma se prepara en las familias, en las escuelas, en la sociedad. Miedo a no ser alguien en esta vida, miedo a no ser aceptado, miedo a no formar parte o miedo a no encontrar el amor. Somos tan maleables ante el arma, que nos destrozamos y nos volvemos a formar cada vez que se nos presenta un caso.

Conocí una chica, compañera de mi hermano, que vestía de manera casual y escuchaba música pop. No tenía novio. Conoció a un chico aficionado a la música texana y a los espectáculos vaqueros. La chica empezó a vestir con pantalones de mezclilla y botas, empezó a escuchar música country y a usar sombrero. Los que la conocíamos pensábamos que era normal; el chico estaba tan apasionado con ese estilo de vida que le había transmitido esos gustos. La relación terminó y la chica volvió a su estilo anterior, lo cual también se nos hizo normal: estaba marcando una distancia con su relación. Pero luego conoció a un aficionado a las motocicletas y ella se convirtió en fan del rock pesado y del estilo "on the road". Cortaron y volvió a ser la de antes. Sostuvo luego una relación con otro chico, músico de reggae y ella mismo empezó a cambiar sus hábitos alimenticios, escuchar su música, a hablar de Bob Marley y consideró en hacerse rastas. Cortaron antes de que esto se concretara y ella volvió a su música y su estilo anterior.

La necesidad de pertenecer al grupo es tan grande que uno comete este estilo de errores. Uno se vuelve una caja vacía donde los que pasan alimentan lo que uno mismo debería hacer. No quiero decir con esto que se niegue todo tipo de influencia o se viva en el ascetismo total y se niegue la relación con los otros. El otro es necesario para la construcción personal. Lo que es preocupante es que se viva a favor de los otros. El arma se alimenta principalmente de dos cosas, siendo

BASTA DE TENER MIEDO

una de ellas, justamente, la posibilidad de no encajar en ningún sitio.

> (Subdivisions)
> In the high school halls
> In the shopping malls
> Conform or be cast out
> (Subdivisions)
> In the basement bars
> In the backs of cars
> Be cool or be cast out.[16]

La publicidad ha insistido en esto terriblemente. El status quo de los grupos de poder y sus características evidentes son transmitidas a los otros como símbolos de empoderamiento. Uno es en la medida que ES ciertas cosas, que TIENE ciertas cosas o que PUEDE ciertas cosas[17]. Si no vistes con ciertas características no puede ingresar a ciertos grupos, si no estás en ciertos lugares no puedes recibir ciertos beneficios; si no comes, vistes, asistes, ves,

---

16"Subdivisiones/ En los salones de la preparatoria/ En los centros comerciales/ Confórmate o se expulsado/Subdivisiones/ En los bares de sótano/ en el asiento trasero de los automóviles/ Se cool o se expulsado". Subdivisions, letra de Neil Peart; música de Geddy Lee y Alex Lifeson. Anthem Records. 1982. La traducción es mía.

17.¡Qué son justamente las tentaciones que a Cristo se le presentan en el desierto!

escuchas, posees ciertas cosas no serás cierto modelo. No me detengo en particularidades. Creo que cada uno, cada una, que lea esto tiene ejemplos vividos de esta situación.

¿No es esto finalmente uno de los elementos del bullying escolar? El chico que no juega foot-ball es agredido por no tener esa característica, lo mismo que el que lee, el varón que es "afeminado" o la chica que es "ruda". Es el punto donde el arma se confunde con la cacería de brujas[18]. Para no distraernos del tema digamos, por mientras, que el arma es el miedo que nos amenaza con no pertenecer; en cambio la cacería de brujas es el miedo que nos amenaza con que el otro nos ha de invadir. Están relacionados, pero no es lo mismo.

Este tipo de elementos se llevan a la cotidianidad de lo profesional y de lo afectivo. Los varones que creen que si no satisfacen a sus mujeres en lo sexual son catalogados de débiles e incompetentes porque la imagen del hombre es unívoca y clara, el que no la cumpla no es un hombre. Aquel que varón que no cumpla con las funciones de PROcrear, PROveer y PROteger no podrá llamarse un hombre (de Keijzer, 2010).

18.Que es el tema del siguiente apartado: El miedo a lo diferente y cómo esto funciona en la relación de lo social y la protección de la identidad de grupo.

BASTA DE TENER MIEDO

Estas afirmaciones dentro del grupo, en este caso de varones, han llevado a chicos alrededor del mundo a tomar decisiones con las que no se sienten cómodos. La presión entre pares en su máxima expresión. Conocí a un chico que fue a un prostíbulo y entró al cuarto con una chica pero no hizo nada. Él no quería ir, pero no podía sentirse "menos hombre" frente a sus compañeros. Tras un rato considerable, salió fanfarroneando de cómo había sido la experiencia. Otro caso fue el de un joven que sentía simpatía por los homosexuales (un amigo de él se había confesado como tal) pero engañaba a sus padres que repudiaban a este grupo. La solución del chico fue inventarle una novia a su amigo y decir constantemente comentarios homofóbicos, lo cual su amigo entendía por la situación que el otro chico vivía. Finalmente, la relación de amistad no duró.

Incluso teóricos como Camille Paglia (1994, pág. 119-166) afirman que estás construcciones son tan equivocadas porque están basadas en un mal entendimiento de lo natural-sexual o en una perversión de lo social. En ejemplo, la Dra. Paglia llega incluso a afirmar que un varón homosexual que quiere sobre todo un hijo, puede decidir casarse y procrear sin estar esperando la afirmación del grupo que lo obligue a "salir del clóset". Lo mismo comenta la autora para los deseos de lo femenino, donde una mujer puede desear permanecer en casa o salir a laborar pero con la conciencia de decidir ella y no ser el grupo que la lleve a tomar estas decisiones. Es decir, mientras que los grupos conservadores fuerzan con el arma a las mujeres a seguir su rol de madres y esposas abnegadas que permanecen en casa; el grupo liberal (Paglia lo llama "feminismo estalinista") las fuerza a salir de sus hogares y buscar su "independencia económica" y construir una carrera profesional. La mujer entonces se encuentra desarticulada y nunca es ella, en estos escenarios, la que toma la decisión.

En la adolescencia (y aquí no cito más que mi propia experiencia como profesor de preparatoria) los chicos se vuelven calcas imperfectas de modelos establecidos. Quien no siga el modelo está fuera del grupo. Incluso cuando el modelo es no tener modelo. Una chica que conozco usa el cabello de manera corta, siempre con pantalones y zapatos deportivos, escucha heavy metal y se junta con rockeros, drogadictos y artistas de la ciudad. Justamente el tipo de ambientes y escenarios en los que su madre (una mujer que conforma el estereotipo de lo femenino) le ha prohibido habitar. El arma aquí fue usada al contrario, para no pertenecer a un grupo se hizo lo necesario para formar a otro. El arma, pues, es una de dos filos.

¿En qué consiste esto? Por un lado puedes sacrificar tu propia voluntad en beneficio de lo que el grupo te exige;

o por otro sacrificas las ventajas que el grupo te puede dar en exigencia de buscar tu propia esencia. Como si el arma te forzara a decidir entre tú y el grupo. Lo cual, huelga decir, es falso. Uno puede heredar del grupo un gran número de beneficios, y en el proceso anexar su propia marca y su propia personalidad. Es el individuo EN el grupo. Jesús renovó aspectos del judaísmo con los que él no se sentía cómodo[19]. Buda hizo lo mismo con los del hinduismo. El ser diferente sólo por serlo es sucumbir al arma, de la misma manera que ser igual sólo por serlo.

Finalmente, el arma puede ser utilizada por grupos, mucho más poderosos para someter a sus miembros al cumplimiento de sus objetivos. Gobiernos e iglesias durante la historia han marcado ejemplos certeros de cómo se les necesita, educando a sus gobernados y feligreses en el terror. En la Edad Media, por ejemplo, los sermones dominicales tenían el tema predilecto de la condenación y del Infierno. Cuando la posibilidad de que hubiera gente lo bastante buena como para no merecerla, el Purgatorio fue el tema recurrente. El miedo, aquí, es el arma del control. Esto hace eco a las represiones estudiantiles de 1968 o al ahorcamiento público de los ladrones durante las dictaduras o las monarquías.

---

19. Mt 5, 17-20

LOS MIEDOS FELICES

Sobrevino el espacio privado y en ese el estado no podía interferir y esto daba la sensación de no interferencia de lo religioso. Entonces el miedo como arma de control se convirtió en el arma de control por la vergüenza. Este rompimiento de lo privado desarticuló al ser humano y lo convirtió en un ser sin sitio, sin espacio. Afuera es prohibido hacer las cosas porque se afecta al otro. Adentro es prohibido porque temes avergonzar y ofender a otro. Una amiga que es doctora me platica que cuando llegan a comunidades menos favorecidas las personas no toman los preservativos porque eso va en contra de la religión (miedo como control). Una amiga me platicó que una conocida suya cuando tenía sexo con su marido tenía que descolgar el crucifijo de la pared y poner boca abajo la foto de su padre, porque sentía que los ofendía (el miedo como vergüenza).

Cuando la figura del Estado todo poderoso y de la Iglesia fue desvaneciéndose de la vida cotidiana otras fuerzas entraron al juego de manipulación. El capitalismo en el que vivimos ofrece una serie de beneficios a la voluntad e iniciativa individual, ofrece la posibilidad de crecimiento profesional y económico y, argumenta, garantiza el respeto de los derechos humanos al sostenerse en principios democráticos. Lamentablemente para todo esto se necesita dinero. Y para conseguir este elemento es necesario el esfuerzo depositado en el trabajo. Si bien parece que esto no es malo, el problema es que contiene una trampa mortal. Una vez más, el miedo se vuelve un arma.

Una compañera de trabajo es de origen ruso y vivió mucho tiempo en la Rusia comunista. No sin quejarse de aspectos reprobables del sistema, también comenta los beneficios que su patria tenía al estar bajo el régimen. Básicamente ella ve dos: El respeto por los ancianos y la no existencia del estrés. De ese último punto recupera que no había posibilidad de estrés porque simplemente no había necesidad. Uno perdía el trabajo y conseguía al día siguiente. Uno enfermaba o deseaba estudiar y se conseguía sin mucho esfuerzo. Los ahorros se terminaban y al día siguiente la cuenta estaba de vuelta llena. A finales de cada mes los rusos hacían unas grandes celebraciones en donde reiteraban el sentido de "beber como cosacos". Platicando ella y yo sobre este punto llegamos a esta conclusión: el estrés es un mal del mundo capitalista.

¿Por qué? Sencillamente porque siempre el sistema te exige más. ¿Cuántas veces tú o alguien que conoces han dicho que ya no tienen dinero o que ya no les alcanza? Innumerables. Pero esto no es una fantasía de izquierda. Es verdad. El mundo en el que vivimos nos exige un exceso de cosas. Y como todo exceso, hay sobrantes que no son necesarios. ¿No tienes dinero? Bueno, no tienes dinero ¿para qué? Si uno enlistara lo que compra, en lo que gasta y lo que realmente necesita; descubriría que hay más elementos inservibles que útiles. El problema es que nos exigen algo que no tenemos y, peor, algo que no podemos costear.

¿Esta exigencia es descarada? No, es sutil y en la sutileza encontramos la perdición. Un tipo específico de ropa, cierto tipo de conocimiento, escuchar tal música, pertenecer a este grupo, ser así, tener esto, no tener lo otro. "¿No has visto esa serie de televisión? ¡Pues qué mal!". ¿Hemos escuchado esas frases reprobatorias, no es así? ¡Imagínate tu vida sin el temor de que te falte para la renta, sin el miedo de no llegar a tiempo a la cita, sin el horror de la carencia quincenal o sin el pánico de que sobrevenga una enfermedad o el retiro! ¡Imagínate sin la amenaza de ser despedido o que tu relación termine! Decía Epicuro, filósofo griego, que lo bueno se conseguía fácil y lo difícil duraba poco[20]. El asunto es que hemos depositado importancia en cosas que no lo tienen. Buda llega a la conclusión de que el origen del sufrimiento está en el apego; sin es deseo por las cosas no habrá apego, sin apego, sufrimiento[21]. Jesús que confiáramos en que tendríamos lo necesario, ya que hasta

---

20. Máximas capitales. XXVI y XXIX

21. En esta nota, en Star Wars, el personaje de Yoda lo dice: "El miedo a perder es el camino al lado oscuro". Yoda y Star Wars son propiedad de Lucas film

las aves del cielo tenían suficiente para cada día y nunca les faltaba nada[22].

El arma que significa el miedo es el fundamento de nuestro estrés cotidiano. ¿Cómo actuar ante tal amenaza? Lo principal es dejar de verla como tal. Como los hippies en los sesenta debemos poner flores a los que nos apuntan con bayonetas. Lo primero es, entonces, observar qué es lo que en verdad necesitamos y con esto cuáles de nuestros miedos son preocupaciones reales (por ejemplo bajar de peso por motivos de salud) y cuáles son solamente construidos por la sociedad para tenernos "en la bolsa" (bajar de peso para cumplir con un modelo de estética). Identificar qué elementos de nuestra educación nos ayudan a mejorar como personas y reafirmarlos, sería una segunda opción. Desechar aquellos que nos impiden crecer o aquellos que nos paralizan y sustituirlos por unos nuevos que recuperen la bondad de los que nos educaron, sin que interfiera la corrupción de lo que nos ata de ese modelo. Tener la seguridad, finalmente, de que la gente que importa en verdad en la vida de cada uno y cada una está dispuesta a que pertenezcamos a su grupo pese a las diferencias y los equívocos. Como no hay nadie perfecto, no se nos puede exigir serlo (ser mejores sí, pero perfectos jamás) y, lo más

---

22.Mt 6, 26

liberador me parece, tampoco lo podemos exigir nosotros. Solamente humanos.

El arma es poderosa, pero se sustenta en que nosotros nos mantengamos a su alcance. A veinte metros de distancia una espada, por más extraordinaria que sea y sin importar que esté en las manos del espadachín más hábil, es inútil.

Parte IV: La cacería de brujas

El otro es un misterio. Por eso los otros no atemorizan. El enfrentarnos con lo diferente nos evita vernos capaces de cambio; nos evita vernos perfectos, estables, racionales. El otro siempre generará respuesta. Es el mundo animal. Una hiena no ataca a un animal que se vea en la pradera más grande que ella. Es natural temerle a lo desconocido. Lo que no es natural es que ese miedo nos lleve a buscar destruir al otro por mantenernos siendo "los buenos". Es el momento en que el miedo se disfraza de soberbia cuando empieza la cacería de brujas.

Me encontraba un día en una ciudad vecina celebrando el cumpleaños de uno de mis mejores amigos. Mi estado de salud no había sido muy bueno y decidí no tomar alcohol esa noche. Salimos del lugar donde celebrábamos a mi amigo y yo agonizaba de sed. Hice parar la camioneta en un establecimiento de servicios que operaba, a través de una ventanilla, las 24 horas del día. Eran alrededor de las 3:00am. Nadie bajó conmigo porque nadie requería nada (sin contar que estaban ebrios). Me formé en la fila de espera detrás de un par de personajes que en un primer momento no llamaron mi atención; delante de ellos había un chico en la ventanilla ordenando sus cosas.

De los dos que estaban frente a mi, uno era pequeño, moreno; usaba una playera sin mangas y portaba una gorra. De su oreja colgaban un par de aretes y tenía uno más en el labio. Platicaba animosamente con el otro que permanecía callado. Este otro era alto, fornido, rapado, también moreno y con una playera de manga corta que le llegaba a las rodillas. Usaba un pantalón de mezclilla que se doblaba en el suelo. Cuando le pude ver el rostro, lo tenía desprovisto de expresiones. Sólo una expresión llegó a cruzar por su rostro: El odio. Y esto lo noté cuando de casualidad me vio a mí. La bruja estaba detrás de él: Era yo.

Mientras que el amor suele ser sencillo y unívoco; el odio se manifiesta de distintas maneras. Este era una mezcla de resentimiento, miedo, recuerdos y otros demonios que no alcancé a percibir. Salió del silencio en el que se encontraba y me acusó de ser norteamericano (como si esto por sí mismo fuera un delito) y se declaró a sí mismo "chicano"[23]. "Mi gente -me dijo- ha sufrido mucho por tu gente"[24]. Yo le comenté con tranquilidad que yo era mexicano como él. Entiéndase la situación. Él se encontraba drogado con toda evidencia; era de noche y yo soy de tez blanca y cabello rubio; mi vestimenta era la de un festejo juvenil y podía pasar un extranjero desubicado tras una juerga.

Empezó a levantar la voz y a acusarme de una serie de atropellos y agresiones que "su gente" había padecido en los Estados Unidos víctima de la ilegalidad y la discriminación. Su gente, que por cierto, es mi gente. El miedo se activó y no supe bien cómo actuar. La camioneta con mis amigos estaba a la vuelta del establecimiento. Lo suficientemente lejos como para que me alcanzaran antes de llegar a ella. En el espacio estábamos él, su amigo, el chico que seguía comprando, el que atendía la tienda, una persona que llegó detrás de mi y yo. Entonces me dijo que tenía cinco segundos para desaparecer. No lo hice. Balbuceé algo sobre mis derechos, mi nacionalidad y el querer comprar un

---

23. Mexicano que crece o migra a los Estados Unidos mezclando las culturas de ambos países. Generalmente ilegales y con mayor generalidad, tristemente, discriminados.

24. Mi tranquilidad no era prueba de mi valor. Era prueba de que no comprendía en realidad lo que yo estaba experimentando. Mi miedo no me defendió, no porque no quisiera, sino porque no entendía (en ese momento) que estaba amenazado.

refresco. La persona detrás de mí, cuyo miedo no estaba tan paralizador como el mío, abandonó la escena. El compañero de mi agresor intentaba calmarlo. Los otros dos no se habían dado cuenta de nada.

Entonces dijo que él no quería llegar a este punto y metiendo la mano por debajo de la playera, sacó un arma de fuego y me amagó con ella. El frío de la pistola en mi sien me hizo reaccionar. Tenía pocas posibilidades: Correr era inútil. Esperar a que la policía apareciera era improbable. Defenderme era imposible. Su amigo que intentaba calmarlo sólo conseguía exaltarlo más. Yo seguía repitiendo que era mexicano. Sólo un milagro, pensé en el momento anterior a que aceptara mi propia muerte, podría salvarme. Entonces, lo acepté. Acepté que, a menos de que no tuviera balas, yo estaría muy pronto muerto. Cerré los ojos y me apreté contra la pistola: "¡Qué sea rápido!"-pensé.

El lector podrá imaginarse que el milagro en verdad ocurrió.[25] El chico que compraba en la ventanilla se dio cuenta de la escena y fingió conocerme, me acercó a la caja, pidió mi refresco y diciéndome por lo bajo "Vete de aquí", me salvó la vida[26]. Tomé el refresco, que no sé si pagué, y me

---

25. O el autor del presente es un zombi.
26. Ese otro, ese "alguien" que me salvó, no era muy diferente al que me tenía amenazado.

alejé de la escena con el temor (bastante justificado) de que una bala me entrara por la espalda. No ocurrió[27]. Subí a la camioneta y nos alejamos de aquel sitio.

¿Qué ocurrió esa noche? Independientemente de la anécdota, la aventura funesta en la que soy protagonista, mas no héroe, nos habla del miedo en sus expresiones sociales más terminantes: El otro me da miedo, me afecta, me horroriza, me congela y me amenaza a muerte. Pero no veamos la obviedad de mi propio miedo. Veamos el miedo menos evidente, el miedo que por cierto, provocó todo esto: El miedo del agresor.

El momento histórico que mi agresor vivía durante nuestro encuentro no era sin duda muy gratificante. Era una larga cadena de sucesos que condenaban y agredían su existencia. Y no sólo la de él, la de su grupo entero. Una consecución de ataques y golpes y miedos y angustias y abusos y... un casi infinito etcétera. Si él no había sufrido el abuso tajantemente cargaba el sufrimiento de todo el grupo. Él era la manifestación del miedo "chicano" al enemigo (la bruja) que representan los WASP en Estados Unidos[28]. Esta suma de miedos y agresiones al que es diferente, más la

---

27. Como seguramente ya habrán imaginado.

28. WASP: White Anglo-Saxon Protestan. Blanco, anglosajón y protestante.

BASTA DE TENER MIEDO

excitación de las drogas, y el cúmulo de miedos de un grupo se manifiestan en agresión y odio. La bruja que tanto hemos temido se manifiesta y está indefensa ante sus ojos; es ahora o nunca.

Esto es, tristemente, la reacción de otro cúmulo de miedos. Estos miedos ya no pertenecen a los "chicanos" o a los "mojados"[29], sino a los agresores: Los mismos estadounidenses. Merece esto unas palabras. La soberanía y el espacio de los Estado Unidos (como la de cualquier país) se encuentran vulnerados por los inmigrantes latinoamericanos que buscan oportunidades del otro lado de la frontera; esto provoca que los ilegales dañen el espacio de seguridad de los ciudadanos americanos. El otro, el inmigrante, es visto como una amenaza. Y es una amenaza no por serlo en sí, sino porque al no estar legalmente en el país puede vérsele como aquel que no está sujeto a las reglas del mismo. Esta sutileza aquí descrita no se ve como tal. El inmigrante es una amenaza, y esto es la realidad en la mente de la mayoría, por no pertenecer al grupo, por ser diferente.

Los sistemas han alimentado esto. El inmigrante, el extranjero, los "sin papeles", el indio, el español, el árabe, la

---

29. Inmigrantes mexicanos en Estados Unidos, que se les llama así por tener que mojarse al cruzar el Río Bravo.

mujer, el negro, los pobres, los homosexuales, los protestantes todos han sido víctimas del prejuicio. El prejuicio pareciera un acto de soberbia, de ignorancia o de desconcierto. Pero lo que está de fondo es el miedo. El miedo a lo diferente. Este miedo se nutre de pensar que el "otro" cuestionará mi forma porque carga consigo "su forma".

Este miedo, decíamos, es natural. Las vacas se alejan de seres humanos, las palomas de los perros, los humanos de lo que no sabemos qué es. El problema es que los sistemas sociales que se han tornado monótonos y se han vuelto incapaces de responder a sus propias fallas han encontrado en estos miedos naturales una respuesta bastante convincente. Es el miedo utilizado como el arma contra el grupo extraño, pero afecta al grupo propio en su manifestación de cacería de brujas.

Joe McCarthy, legislador de los Estados Unidos, en los cincuenta contra los comunistas; los blancos contra los negros en los sesenta; los heterosexuales contra los homosexuales en los setenta; las feministas contra los hombres en los ochenta; los "castos" contra los portadores del SIDA en los noventa o la persecución que el legislador Peter King ha iniciado contra los islámicos en la primera década del siglo XXI, por decir algunos, son ejemplos bastante recientes de esto. Pero revisar la historia es revisar que grandes movimientos políticos, sociales, culturales y sobre todo económicos se han llevado a cabo justificados por el miedo al diferente. Es la perversión del instinto; es el poder utilizando a los propios contra los ajenos para no aceptar sus mezquindades, sus fallas o sus debilidades.

Ejemplos en la antigüedad abundan: moros y sefardíes expulsados de la península Ibérica por motivaciones políticas disfrazadas de religiosidad; los españoles, indios y negros minimizados culturalmente en el México del siglo XIX para construir (de la nada) un nacionalismo y una identidad mestiza; las mujeres acusadas de ser portadoras del mal y llevadas a la hoguera y etiquetadas de pecadoras.[30]

They say there are strangers who threaten us,
Our immigrants and infidels.
They say there is strangeness too dangerous
In ourtheaters and bookstore shelves
Those who know what's best for us
Must rise and save us from ourselves[31].

---

30. Aquí tenemos unas pruebas (respectivamente) de mezquindades, fallas o debilidades.

31. "Ellos dicen que hay extraños que nos amenazan/ Nuestros inmigrantes e infieles/ Ellos dicen que hay una extrañeza tan peligrosa/ En nuestros teatros y en los estantes de las librerías/ Aquellos que saben lo que es mejor para nosotros/ Deben levantarse y salvarnos de nosotros mismos". The Witch Hunt, letra de Neil Peart; música de Geddy Lee y Alex Lifeson. Anthem Records. 1981. La traducción es mía.

LOS MIEDOS FELICES

Esto como un sistema que se organiza solo es la prueba definitiva y la acción total del miedo. La turba no tiene conciencia: Sólo miedo. Pero, ¿a qué? Este miedo a lo diferente, que podría ser admiración, y que es totalmente natural se vuelve social. ¡Hemos sido padres y maestros los que hemos educado en el miedo! La cacería de brujas es la inconciencia y la irreflexibilidad llevadas a una turba sin conciencia. Estamos desprovistos de defensa. Somos una masa que se mueve y que se alimenta de más miedo. No sabemos quienes somos y por lo mismo la identidad del otro nos aniquila: Nos demuestra desnudos y vulnerables.

> Quick to judge,
> Quick to anger,
> Slow to understand Ignorance
> and prejudice And fear walk
> hand in hand...[32]

La cacería de brujas puede ser detenida. Primero, y más importante, con humildad. El miedo no es más que el origen de la soberbia. Si somos capaces de ver en el otro a "una flor del mismo jardín" la solución al miedo se encuentra mucho más cercana. Epicuro menciona que la compañía del

---

32. "Rápido para juzgar/ Rápido para la ira/ Lento para entender/ Ignorancia y prejuicio/ Y miedo de caminar mano a mano…". Ídem. Una vez más, es mi traducción.

otro es el más grande de todos los placeres y la capacidad de diálogo y pacto son los caminos de la justicia[33]. Jesús a pesar de ser un judío del siglo I con un sentimiento de superioridad hacia los samaritanos[34], supo convivir con ellos y aprender de su sabiduría y compasión[35]. Y ellos lo reconocieron a él, debido a que él los reconoció primero[36]. Buda enseña que la compasión es el único camino para este mundo[37]. Enseña a vivir con el otro y apreciarnos como un todo: El mundo como una familia[38]. Aunque, esto lo digo yo, el otro sea un problema.

El segundo punto para defendernos de La cacería de brujas es entender que tenemos más cosas en común que aspectos diferentes. No quiero decir con esto que abandonemos nuestras preocupaciones. No. Siempre habrá gente (propia y ajena) que pueda hacer daño. Pero un grupo, por el puro hecho de ser de ese grupo, no lo condiciona. Por ejemplo: la criminalidad y el robo no se dan sólo en la clase baja; tal vez, es evidente en esta, pero el robo se da en muchas formas en todos los estratos sociales. San Pablo,

---

33.Máximas capitales. XXXII y XL
34.Mt 15, 24-27
35.Lc 10, 25-37
36.Jn 4, 9-42
37.Dhammapada 10, 1
38.Sutta Nipata 149-150

hablando sobre el modelo del cristianismo, reitera que sólo viviendo con el otro en igualdad y amor podemos vivir[39]. El mismo Jesús lo reitera en diversas ocasiones[40]. Por su parte Buda no olvida que esto sea posible y recomendable: ¡Es el único camino para la liberación![41] La compasión es, pues, universal[42].

Las grandes religiones del mundo (y filósofos como el mismo Epicuro) lo han dicho a través de la historia. Incluso Karen Armstrong (1993, pág. 351) está convencida de que esta es la clave del espíritu religioso: La compasión y la aplicación de la llamada "Regla de Oro": Tratar a los otros como uno quiere ser tratado[43]. Si uno considera al otro la bruja a perseguir o la bruja que te persigue, lo que está de fondo, en el inconsciente, es la autoaniquilación (Bettelheim, 1973, pág. 138-139). El enemigo interno, los propios demonios, emergen y terminan por apuntar al otro

---

39.Fil 2, 2-5 y I Cor 13, 4-7

40.Jn 6, 43; Jn 15, 12-14; Mt 5, 38-42; Mt 23, 23-24 y Lc 6, 36-38

41.Vinaya, Mahavagga 8, 26. 3

42.Vilamakirtinirdesha Sutra 5 y Mt 5, 43-48

43. Por mencionar algunos casos que recuperan la regla de oro: Confucio, Tales de Mileto, Sócrates y Platón. Además textos del Hinduismo, Jainismo, Sijismo, el Taoismo y la fe Baha`í. Textos del Antiguo testamento (Lev 19, 18; Lev 19, 34 y Tob 4, 15 y Sab 31, 15) y del Talmud (Shabbat 31ª) en la tradición judía, y por lo menos cinco versículos en el Corán (2, 267; 4, 8-9; 16; 57-62; 24, 22 y 83, 1-4). Sin contar lo ya mencionado por Jesús y Buda.

como el enemigo. En el fondo, el arma y la cacería de brujas, son nuestros enemigos internos que han salido. Si yo los destruyo a ellos, me destruyo a mí mismo.

Parte V: Hacia un reglamento de convivencia con el miedo

Tenemos ahora una noción más precisa del miedo. Sabemos un poco más a profundidad cómo funciona. Pero desde el principio establecimos que el miedo no es un elemento en nuestra contra: Es a nuestro favor que el miedo exista. Entonces, ¿de qué sirve todo este análisis tan detallado si el miedo es mi amigo? Pensará alguien "Yo no quiero sentir miedo. Ya estoy harto". Y es comprensible. Pero también, lamento decirlo, es inevitable. ¡No dejes de leer! Aún tengo unas cuantas cosas que decir; y entre ellas que no podemos vivir sin el miedo, pero podemos aprender a vivir con él. Toda esta división de tipos y formas en las que se manifiesta el miedo no es más que el preámbulo de las siguientes reglas que tú y tu miedo (y que yo y mi miedo) deben acordar. El miedo es irracional, pero si uno le da pautas y normas a su propio miedo lo empieza a volver racional; y tras esto, manejable.

1. El miedo tiene derecho a la vida. Tú tienes derecho a una vida tranquila.

LOS MIEDOS FELICES

El pobre miedo, así como tú, no pidió venir a este mundo. Tú debes entender que ya aquí, así como tú, el miedo se aferra a no morir. Igual que un animal que se ve acorralado se torna agresivo, el miedo se aferrará a vivir por cualquier medio. Ya hemos visto ejemplos de miedos que se vuelven soberbia, rencor, odio y otras cosas más terribles. Así que tu miedo debe estar tranquilo, debe tener la certeza de que lo vas respetar y lo dejarás vivir. Si tú haces esto, el miedo se apaciguará y estará reposando hasta el momento en que tú lo necesites.

2.   Tú necesitas al miedo; el miedo te necesita a ti

La vida diaria te presenta retos y adversidades. A veces estos retos parecen demasiado grandes cuando estás solo. Pero nunca lo estás. Aún si tu ideología personal no concibe a un Dios que te proteja, el miedo si está contigo. Siempre. Es tu mejor defensa y viene integrada. Recordemos que el miedo no puede vivir flotando en el universo; es tuyo. ¡Es prácticamente un ángel de la guarda!

Bruno Bettelheim (1975, pág. 16) nos cuenta que el miedo ha sido sepultado, con muy buena intención, por los padres de familia. "No pasa nada" les decimos a los pequeños. Bueno, la verdad no es esa. ¡Sí pasa! Es un problema existencial en el mundo adulto porque pasamos de la seguridad absoluta a la indefinición total. ¿Podremos con los retos? La respuesta es sí, pero no sin miedo y sin penurias; no sin esfuerzo y cansancio. Los cuentos de hadas nos relatan cómo los héroes lo conseguían al fin, pero el camino era una angustia tras otra. Ellos podían superar todas las pruebas porque tenían a su miedo convertido en aliado: Era un estado de alerta.

Si tu esperanza es irreal tendrá miedos irreales. Pero si tu esperanza es real, es necesario que tenga miedos (alertas) reales.

3. Tú y tu miedo no son la misma cosa.

En la medida que esta regla sea clara, más sencilla será tu misma vida. Porque mientras asimiles que tú y tu miedo son la misma cosa, significa que si aniquilas tu miedo, te aniquilas a ti; si niegas a tu miedo, te niegas a ti. No eres ailurofóbico, le tienes miedo a los gatos. No eres claustrofóbico, le tienes miedo a los espacios cerrados. No eres anatidaefóbico, le tienes miedo a que te mire un pato.

Esto es una realidad objetiva, no porque se compruebe con evidencias lógicas. Sino por si intentas vivir de esta manera descubrirás que tanto tú, como tu miedo, tienen sentido (Armstrong, 1993, 61).

4. Conócete a ti mismo y a tu miedo. Que el miedo se conozca a sí mismo y a ti.

En el ya clásico texto de Bruno Bettelheim, *Psicoanálisis de los cuentos de hadas* el autor nos presente un importante trabajo para entender la función del mito y el cuento de hadas. En algún punto del texto Bettelheim comenta: "Al ser conciente de sus propios temores y flaqueza, por mucho que intente negarlo, el niño llega a la conclusión de que, por algún motivo, estos héroes necesitan convencer a todo el mundo —incluyéndose a sí mismo- de que están libres de toda ansiedad" (Bettelheim, 1975, pág. 304).

Esto no sólo aplica para los niños y en el contexto de los cuentos de hadas, o de los mitos (Campbell, 1949, pág. 26); sino que podría aplicarse en la vida adulta y en la realidad cotidiana. Hemos dicho antes que el conocerse a sí mismo es en toda práctica religiosa, filosófica y en el mismo psicoanálisis el camino para una vida libre de toda angustia. Si uno se conoce a sí mismo y a sus miedos, estos dejan de ser enemigos internos que nos estorben y nos dificulten el desarrollo; se convertirán en nuestros aliados.

5. Distingue cuáles miedo son tuyos y cuáles son "prestados".

Mi hermana tiene un pavor desmedido a los relámpagos. Ese miedo no es suyo, es de nuestro padre. Una maestra, compañera mía, tenía miedo a perder la razón. Este miedo era también el de su madre. Nuestros padres por protegernos nos heredan miedos. Estos miedos y uno no podrán convivir en paz porque simplemente ni el miedo le pertenece a uno, ni uno le pertenece al miedo.

Estos miedos usados como armas son peligrosos, pero no hay que temerles. Hay que verles de frente, reconocerles ajenos e invitarlos a que pueblen el cuerpo que debían poblar: el de la madre, el del padre, del maestro, del Gobierno, del grupo religioso. Hemos usado esos miedos como propios, pero es tiempo de devolver lo prestado; de devolver lo que no nos pertenece. Cuesta separarse de esos miedos porque los pobres no tiene claridad en donde habitarán; pero en la medida en la que uno asuma e identifique quien nos lo heredó, podremos decirle a ese miedo a donde debe dirigirse.

6. No tengas miedo a no ser, no tener o no poder.

De todas las reglas de convivencia es la más difícil de llevar. Y es la más difícil porque implica un esfuerzo diario y constante.

Como introducción de esto puedo adelantar que ya somos, siempre tenemos algo y somos capaces de hacer más de lo que nos imaginamos. Ofrezco, al final de mi capítulo, tres posibles caminos para asimilar esto. Estos caminos están basados en las enseñanzas de Jesús, Buda y Epicuro como comentaba al principio del texto.

Finalmente agrego, que como la regla número cinco expresa, hay que encontrar nuestros miedos y separarlos de los ajenos. Los miedos a no ser, no tener o no poder en la mayoría de los casos, sino es que en todos, son heredados o prestados. ¿No eres lo que quieres o no eres lo que otros quieren que seas?, Y si no eres lo que tú quieres, ¿qué vas a hacer para conseguirlo?; ¿No tienes lo que quieres?, ¿En verdad lo necesitas o te han hecho creer que lo necesitas?, Y si en verdad lo necesitas, ¿qué puedes hacer para conseguirlo?; ¿No puedes hacer eso o te han hecho pensar que no puedes?; ¿Por qué no puedes?, Si realmente no puedes, ¿para qué te preocupas?, Si puedes hacerlo, ¿para qué te preocupas?

7. Si "negar el miedo es como negar la risa"; riámonos con los miedos.

Supongo que te ha pasado. Algo te aterroriza de manera funesta y casi apanicante, pero cuando acabas por descubrir que era lo que te producía ese temor terminas por soltar una risotada. Mi abuelo paterno salió a escondidas al teatro, corrían los años veinte, y cubierto por la noche se escabulló sin la mirada de mis bisabuelos. De regreso de su escapada furtiva escuchaba los pasos de un perseguidor (véase la letra de Fear of the Dark o de Thriller). Volteaba y nada había que lo persiguiera, el miedo se incrementó. Aceleraba el paso y el paso del asechante ruido se incrementaba también. Finalmente llegó a casa. Cargado de culpa y temeroso de algunos de esos espectros o demonios que se llevaban a los desobedientes, sudaba frío y casi entra al cuarto paternal a confesar sus pecados sino hubiera reparado en un detalle: Su bota tenía pegado, por un chicle, un pedazo de papel de estaño. Contuvo la risa de sus nervios y se fue a dormir.

El epígrafe de este capítulo habla justamente de eso. Nuestros temores más grandes (internos, usados en nuestra contra o en contra de otros) son cuando menos ridículos. El miedo detesta que le tomes seriedad; le desagrada que no lo consideres también. En tanto que uno charle con su miedo y le cuente lo ridículo que se ven juntos, el miedo se divertirá, se reirá con uno, no se irá a ningún lado; pero no habrá nada que temer.

8. Que tu miedo y tú calculen los riesgos conjuntamente.

El famoso cuento de "Juan sin miedo", que en inglés se llama "The fairy tale of one who went forth to learn fear"[44], es el mejor ejemplo de esto. El héroe no podría vivir completo sin conocer al miedo, y como Bettelheim señala en su comentario sobre este relato, la supuesta carencia de los sentimientos (en este caso los miedos) es el resultado de la represión de los mismos (Bettelheim, 1975, pág. 304-305).

El miedo se ha vuelto nuestro aliado para este momento. En su sociedad debes comunicarte con él y no volverte temerario. Si tú no calculas un riesgo debidamente, el miedo reclamará el control de la compañía (tú) y exigirá manejar todas las operaciones. No saber manejar y tomar un carro ebrio no es muestra de valentía, es una franca estupidez. Conocí a un chico así que tras el amargo choque temía manejar. ¡Y cómo no! ¡El miedo no iba a dejar tan valiosa persona en tan irresponsables manos!

---

44. El cuento de hadas de uno que salió a aprender el miedo; traducción mía

9. La humildad es el camino a la convivencia sin miedos.

Las anteriores ocho normas nos hablan de la convivencia sana con nuestros propios miedos y del desprendimiento de los miedos ajenos. Ahora viene la posibilidad de entender que el otro no es algo que temer. Y la mejor manera es la humildad. Humildad en dos sentidos, no creerse superior y reconocerse sujeto de ayuda.

Empecemos con la segunda. Si uno piensa que podrá salir a los dos de la mañana, caminando, con su computadora, en un barrio con alto nivel de delincuencia y no sufrir ningún ataque es más que optimista. Ciertamente uno puede conseguirlo, pero la probabilidad nos indica otra cosa. Bajemos el riesgo (regla 8) y no olvidemos pedir ayuda. La compañía (lo veremos pronto) es el mejor recurso para convivir sanamente con los miedos. Uno no es débil si pide ayuda; uno es conciente y maduro. El miedo parece decirnos lo que nos repetía una maestra en la Universidad: "Si no puedes, yo te ayudo. Si no sabes, yo te enseño. Si no quieres, yo tampoco".

Ligado a lo anterior viene pensar que el otro no es una amenaza. No es que todos sean misericordiosos y amables. Ciertamente no. Pero uno es el que vive pensando que los otros nos envidian, uno es el que cree que los otros no tratan de quitar la novia o el trabajo, uno es el que piensa que lo diferente es peligroso y que nos acecha. Todo es sólo lo que UNO cree. Una mala experiencia nos pone alerta, pero no puede destruirnos la posibilidad de convivir con el otro. El afectado, el destruido, el temeroso es uno.

Una amiga mía temerosa de salir lastimada por los hombres una vez más se prohibió a sí misma relacionarse, fuera de la amistad, con cualquier otra persona. Dejó pasar a grandes pretendientes por una mala experiencia. Entre ellos un amigo mío que insistió con ella y que finalmente se rindió ante tantas negativas. El chico ahora está felizmente casado y es un ejemplo de padre y marido. Ella se arrepiente de eso, cosa que está fundada también en su miedo.

10. Invita a otros a participar de la aventura.

No sólo porque Epicuro crea que la amistad es el más grande de todos los placeres. Ciertamente tener a una pareja, a un amigo o la cercanía de la familia nos ayuda a convivir con nuestros propios miedos. Si no haces nada de las otras reglas que te sugiero, quédate con esta. Como Bill Watteron dijo: "Nada es suficientemente atemorizante cuando uno cuenta con un mejor amigo" (Watterson, 1989).

BASTA DE TENER MIEDO

No es por el seguimiento de estas reglas que el miedo acabe por irse de nuestras vidas. No. Lo dijimos desde el principio: Eso ni siquiera es deseable. Lo que buscamos es la posibilidad de convivir con nuestro miedo y poner su energía y su enseñanza a favor nuestro. El miedo es parte nuestra y sin él estamos condenados a la extinción prematura. Vamos conviviendo con él y escuchando su sabio consejo. No pasa de un pequeño escalofrío.

Parte VI: Tres propuestas ancestrales para convivir con el miedo

Lo que ofrezco a continuación es una pequeña recopilación del trabajo de Epicuro, Jesús y Buda y qué tienen ellos que ofrecernos como respuestas al miedo. Esto no termina aquí; sus propuestas, frases, máximas e historias tienen que ver con la posibilidad de ver en el otro a un igual y de verse sin preocupaciones.

En muchos puntos los tres coinciden; en muchos otros, no. Por lo tanto ofrezco dos posibilidades de lectura. Una es un reto, la otra es una aventura. La aventura consiste en leer las tres recopilaciones sin mayor problema. Uno lee cada uno de los textos y saca sus propias conclusiones. Fin de esta aventura, inicio de la siguiente.

LOS MIEDOS FELICES

El reto consiste en contestar un pequeño test donde se harán cinco preguntas. Este test (diseñado por mi) relaciona tus respuestas con las posibles respuestas (desde mi entendimiento) que estos míticos sabios hubieran hecho. Simple: Tú contestas el test, ves tus resultados y entonces lees al autor que te corresponde. ¡Que tú y tu miedo decidan!

Instrucciones: Si aceptas el reto, contesta las preguntas y ve los resultados al final de la prueba. Sigue las instrucciones finales para saber cuál texto leer. O simplemente diviértete y haz lo que quieras.

1. Para ti, ¿qué se relaciona más con el encontrar la felicidad?
   a. El amor
   b. La paz
   c. El placer

2. Te invitan a una fiesta a la que asistirá una persona que suele agredirte verbalmente. Decides ir de cualquier manera debido a que...
   a. Es una excelente oportunidad de perdonarlo
   b. No te interesan sus ofensas
   c. Te vas a divertir sin importar la presencia de esta persona

BASTA DE TENER MIEDO

3. Algo muy terrible sucede. Tú llegas a tranquilizarte debido a que...

    a. Sabes que algo mejor está por venir

    b. Crees que hay una buena razón para que esto haya sucedido

    c. Tienes a gente que te ayuda a enfrentar el problema

4. Te has quedado sin empleo. Tú te mantienes tranquilo debido a que...

    a. No te falta que comer. Esto se resolverá tarde o temprano

    b. Ves esto como una oportunidad

    c. Tienes lo indispensable y tienes la capacidad para poner una solución

5. Tú haces un servicio al otro que te necesita porque...

    a. Es lo correcto

    b. Le evitas un sufrimiento al otro

    c. Te hace sentir bien

Revisa las respuestas y a partir de la mayoría de las mismas lee el fragmento correspondiente:

    a. Jesús

    b. Buda

    c. Epicuro

    d. Haz lo que te plazca

LOS MIEDOS FELICES

Jesús:

En el mundo Occidental Jesús no necesita presentación. Fue un galileo que vivió muy seguramente entre la última década del siglo I a. de C. y las primeras tres décadas de nuestra era[45]. Jesús, como figura histórica, fue un renovador de la vida espiritual del pueblo judío. Posiblemente un esenio, es decir una secta dentro del mismo mundo judío (Armstrong. 1993, pág. 116). Jesús clamaba por una renovación del espíritu y un juicio más humano de la interpretación de la ley de Moisés, lo que le valió, por el carácter social y político de su mensaje, la persecución y la muerte (Borg, 1997, pág. 16).

¿Qué es lo que hace su mensaje liberador? De entrada es el no juzgar a aquel que comete faltas y basar su moral en una que contemple el sufrimiento y llame a la vida espiritual personal y el perdón. Esta vida espiritual está resumida en el llamado Sermón de la Montaña (Mateo, capítulos 5 al 7 y Lucas 6, 17-49). En este sermón, Jesús llama a no temer la carencia y a no temer a los agravios; incluso llama por el perdón como liberación. En nuestro tema esto es importante porque el no perdonar significa el temer ser agredido otra vez.

---

45. Aunque la tradición ha marcado el cambio de la numeración de las fechas a partir de su supuesto nacimiento en el (llamado) año cero.

BASTA DE TENER MIEDO

De igual manera evade que la falta económica será un problema para el ser humano ya que está convencido que hasta las aves del cielo, que valen menos que el hombre, encuentran su alimento y su sustento; más hará el hombre (Mt 6, 26-27). Agrega que aquel que busca encontrará y aquel que pide se le dará: ¡Jesús cree en la voluntad y en el esfuerzo del hombre para sobrellevar su propia necesidad! (Mt 7, 7-11).

Incluso Jesús llega a comentar que aquellos que lloran, aquellos que son perseguidos, aquellos que son mansos, aquellos que son humildes (pobres de espíritu), aquellos que son misericordiosos, aquellos que son puros en su corazón (sin prejuicios) y aquellos que tienen hambre y sed de justicia serán bendecidos, cuando el resto de la humanidad los ha llamado pobres y débiles (Mt 5, 3-10).

Lo que impacta de Jesús, es pues, el amor a los enemigos (Buda dirá algo parecido) como la liberación total. Si uno ama a sus enemigos, interpretamos desde el tema del presente, uno no les temerá: no habrá prejuicios ni defensas contra lo diferente (Mt 5, 17-48). Jesús fue tentado para llegar a ser alguien más de lo que era (o aprovecharse de lo que era) y fue tentado en riquezas y en poder afirmando que todo eso era vano y que lo fundamental estaba en el espíritu (Mt 4, 1-11). Jesús enseña, independientemente de la sensibilidad religiosa que tengamos, a no preocuparse por la vida; enseña a vivir el hoy (Mt 6, 34).

Frases

No sólo de pan vive el hombre. *Mateo 4, 3.*

Benditos lo pobres de espíritu, porque de ellos es el reino de los cielos. Benditos las manos, porque ellos poseerán la tierra. Benditos los que lloran, porque serán consolados. Benditos los que tienen hambre y sed de justicia, porque serán saciados. Benditos los misericordiosos, porque obtendrán misericordia. Benditos los puros de corazón, porque verán a Dios. Benditos lo que buscan la paz, porque serán llamador hijos de Dios. Benditos los que sean perseguidos por causa de la justicia, porque de ellos es el reino de los cielos. *Mateo 5, 3-10*[46].

También han oído que se dijo: 'Ama a tu prójimo y odia a tu enemigo. Pero yo les digo: Amen a sus enemigos, y oren por quienes los persiguen. *Lucas 6, 27-28.*

Da al que te pida, y al que espera de ti algo prestado, no le vuelvas la espalda. *Mateo 5, 42.*

No anden preocupados con su vida por problemas de alimentos, ni por su cuerpo por problemas de ropa. ¿No es más importante la vida que el alimento y el cuerpo que la ropa? Fíjense en las aves del cielo: no siembran, ni cosechan,

---

46. En algunas traducciones la palabra "benditos" aparece como "bienaventurados" y en otras como "felices".

no guardan alimentos en graneros y sin embargo nada les falta. *Mateo 6, 25-26.*

No se preocupen por el día siguiente; tiene suficiente con su propia inquietud. Bástele a cada día su propio afán. *Mateo 6, 34.*

Pidan y se les dará; busquen y hallarán; llamen y se les abrirá la puerta. Porque el que pide, recibe; el que busca, encuentra; y se abrirá la puerta a quien llama. *Mateo 7, 7-8.*

Buda[47]:

El príncipe Siddhartha Gautama vivió aproximadamente 500 años antes de Jesús, al norte de la India. Fue profetizado como el que vendría a dar un cambio espiritual a la humanidad entera. Su padre lo alejó, como ya hemos mencionado, de todo sufrimiento, pero el poder del destino fue más fuerte y se cumplió toda previsión: El príncipe se convirtió en el Buda, el iluminado (Campbell, 1949, pág. 59-60). Tras esa conversión, y tentado de liberarse sólo a él, el Buda salió al mundo a proclamar su mensaje a todo aquel que pudiera o quisiera escuchar (Campbell, 1949, pág. 26).

El mensaje es sencillo pero potente: El sufrimiento (dolor, angustia, miedo, etc.) es inevitable; eso lo horrorizó

---

47. Hay muchas similitudes entre el pensamiento de Jesús y Buda. Léase ambas secciones para notarlo o búsquese el libro *Jesús y Buda* de Marcus Borg.

(Armstrong, 1993, pág. 59). La causa de todo este sufrimiento es el deseo. El sufrimiento puede extinguirse extinguiendo su causa. Es decir: Si uno deja de desear deja de sufrir (Mandel, 1967, pág. 29).

Lo que la consigna Budista quiso buscar es proponer un "camino medio" entre el desenfreno y el ascetismo. Es decir, esas tres "nobles verdades" que Gautama predicaba deben ser complementadas por una cuarta: Un sendero donde la razón y el juicio juegan un papel importante. Un sendero óctuple (Mandel, 1967, pág. 29).

El Noble Sendero Óctuple del budismo es: fe pura, voluntad recta, lengua justa, acciones claras, vida práctica justa, memoria recta, meditación pura y aplicación constante. Traduzcamos esto a nuestras vidas cotidianas. La fe pura y la voluntad recta podrían traducirse a sabernos capaces de enfrentar los sufrimientos y estar dispuesto a hacer lo necesario para ese enfrentamiento: En nuestro caso, el miedo. La lengua justa, las acciones claras y la vida práctica justa son el para no dañar a otros y no dar elementos para que otro te dañe a ti (no ofender, no agredir, no hacerse de las cosas ilegalmente); es decir, no ser partícipes de nuestra angustia. La memoria recta es un esfuerzo mental para concentrarnos en lo "bueno" que tenemos, alejarnos de lo "malo" que tenemos (enemigos internos, armas y cacería de brujas) y alejarnos de lo "malo" que no tenemos (esto en dos sentidos: previsión de futuros males y darnos cuenta de las cosas que vemos malas en nosotros y que no son malas en sí o que ni siquiera están en nosotros). La meditación pura es la concentración de cada día en lo que toca: el aquí y el ahora. Finalmente, la aplicación constante es recordar que cada día, cada momento hay que aplicar todo esto.

Si uno observa, las enseñanzas de Buda son internas y se resumen en la búsqueda de la paz interna y la armonía externa lograda por medio de la compasión (Armstrong, 1993, pág. 484). "La paz, la serenidad y la amabilidad -dice Karen Armstrong- son los rasgos característicos de la verdadera intuición religiosa" (1993, pág. 351).

Frases

Si no atienden los unos a los otros, ¿quién estará allí para atenderlos? *Vinaya, Mahavagga 8. 26. 3*

Tal como una madre protege con riesgo de su propia vida, así debes cultivar en tu corazón el amor sin límites por todos los seres. Que tus pensamientos de amor ilimitado alcancen a todos los seres. *Sutta Niapata 149-150.*

El bodhisattva ama a todos lo seres como si estos fueran su único hijo. *Vilamakirtinirdesha Sutra 5*

LOS MIEDOS FELICES

Al que vive apegado al placer, con los sentidos irrefrenados, sin moderación en la comida, indolente, inactivo, a ese Mara lo derriba, como el viento derriba a un árbol débil. *Dhammapada 1, 7.*

Los que imaginan lo no esencial como esencial y lo esencial como no esencial, debido a tan equivocado juicio nunca llegan a lo Esencial. *Dhammapada 1, 11*

Para ellos no hay acumulación, y su alimento no es otro que la Liberación, que es Vacío e Indefinible: tal es su objeto. Su curso es como el de los pájaros en el aire: no deja huella. *Dhammapada 7, 3.*

Si comparamos a los otros con uno mismo, ni mataremos ni provocaremos muerte. *Dhammapada 10, 1.*

Conducidos por el miedo, los hombres acuden a muchos refugios, a montañas, bosques, grutas, árboles y templos. Tales, empero, no son refugios seguros. Acudiendo a estos refugios, uno no se libera del dolor. *Dhammapada 14, 10-11.*

Felices vivimos porque no tenemos impedimentos. Llenémonos de gozo como dioses en la Esfera Radiante. *Dhammapada 15, 4*

La salud es la más alta posesión. El contento es el mayor tesoro. Un amigo de confianza es el mejor pariente. Nibbana es la más alta bendición[48]. *Dhammapada 15, 8.*

48. Nibbana mejor conocida en Occidente como Nirvana, literalmente es "enfriamiento". El estado máximo de alcance dentro del budismo donde la flama de la vida y de los sufrimientos se "enfrían". Es el vacío

BASTA DE TENER MIEDO

Del apego surge el sufrimiento; del apego surge el miedo. Para aquel que está libre de apego ni hay dolor ni mucho menos miedo. *Dhammapada 16, 6.*

No se vuelve uno sabio tan sólo con hablar mucho. Aquel que es apacible, libre de odio y miedo (y no causa miedo), es llamado un hombre sabio. *Dhammapada 19, 3.*

De los Senderos, el Óctuple Sendero es el mejor. De las Verdades, las Cuatro Nobles Verdades. El desapego es el mejor de los estados mentales, Y de los hombres, el hombre de visión clara. *Dhammapada 20, 1*

Si algo debe ser hecho, uno debe hacerlo. Uno debe ir ascendiendo con firmeza, liberándose de los extremos. *Dhammapada 22, 8.*

Epicuro:

Epicuro fue un filósofo que vivió entre 341 y 270 a. de C. y fue el fundador de la escuela hedonista, es decir, una escuela filosófica y racional que contemplaba el placer como el máximo bien. Epicuro creía firmemente que todos los seres humanos tememos al sufrimiento y al dolor y para evitar ese miedo nos engañamos a nosotros mismos con falsas ideas de los bienes que perseguimos y los males que desean evitar (Jufresa, 1991, pág. LV-LVI). Es decir, Epicuro concentra el sufrimiento humano (y con esto el dolor que es lo contrario al placer) en cuatro miedos: miedo a los dioses y al destino, miedo a

---

y la liberación.

la muerte, miedo al dolor y lo que forma la falsa idea de bien (Pág. LVI).

Para cada uno de esos miedos Epicuro llama a alcanzar dos estados: la aponía y la ataraxia. Si bien le da mayor importancia a la segunda, que es la tranquilidad del alma, considera que es indispensable el cumplimiento de la primera; es decir, de la satisfacción de las necesidades primarias para evitar el dolor físico (Pág. XVIII). A aquel que consigue privarse del frío, del hambre, del cansancio, del dolor y de la sed tiene una suerte que los mismos dioses podrían envidiar (Pág. LXII).

Epicuro nos invita a no temer los dolores físicos porque son fáciles de solucionar o si son intensos no duran mucho. Nos invita a no temer la muerte porque, insiste él, todo dolor es una sensación (ya sea contra la tranquilidad o contra el cuerpo) y a la hora de la muerte no hay sensaciones. No temer a los dioses porque considera que ni siquiera se preocupan por nosotros y si lo hacen nos miran con piedad. Y lo que en verdad busca no es el placer físico (aponía), sino el espiritual (ataraxia) y la mejor manera de conseguirlo es recordando una época placentera y a través de la piedad y la amistad, a la que considera el más grande de todos los placeres (Pág. LXVI- LXVII).

BASTA DE TENER MIEDO

Frases

Todo dolor es un mal, pero no siempre hay que rehuír del dolor. Según las ganancias y los prejuicios hay que juzgar sobre el placer y el dolor, porque algunas veces el bien se torna mal, y otras el mal es un bien. *Carta a Meneceo. 129.*

En la supresión de todo tipo de dolor está el límite de la magnitud del placer. *Máximas capitales III.*

Ningún placer es malo en sí mismo; pero lo que hay que hacer para obtener ciertos placeres causa mayor cantidad de quebrantos que de placeres. *Máximas capitales VIII.*

Aquel que conoce los límites de la vida sabe que es fácil eliminar el dolor que produce la falta de algo, y obtener lo que hace perfecta la vida entera. Así que no necesita de nada que comporte luchas. *Máximas capitales XXI.*

Cuantos deseos, por no ser satisfechos, no conduzcan al dolor, tampoco son necesarios, sino que tienen un estímulo fácil de eliminar, ya que parecen ser generadores de estímulos o daños. *Máximas capitales XXVI.*

De los deseos, unos son naturales y necesarios, otros naturales y no necesarios, otros ni naturales ni necesarios, sino que provienen de una opinión vana. *Máximas capitales XXIX.*

Los animales que no pudieron hacer pactos para no

agredirse recíprocamente, no tiene ningún sentido de lo justo y de lo injusto. Lo mismo ocurre a todos los pueblos que no pudieron o no quisieron establecer pactos para no agredir o no ser agredidos. *Máximas capitales XXXII.*

Aquellos que poseen la capacidad de procurarse la confianza de sus semejantes viven placenteramente los unos con los otros, porque disfrutan de la confianza más segura, y, aunque se trataran con la más absoluta familiaridad, no lloran, como si sintieran conmiseración, por la muerte de uno de ellos. *Máximas capitales XL.*

La voz de la carne pide no tener hambre, ni sed, ni frío; pues quien consigue esto o espere conseguirlo, puede competir en felicidad incluso con Zeus. *Exhortaciones. 33.*

No tenemos tanta necesidad de la ayuda de los amigos, cuanto de la seguridad de su ayuda. *Exhortaciones. 34.*

No hay que despreciar lo que se tiene por el deseo de lo que no falta, sino que debemos considerar que también lo que se tiene era un deseo. *Exhortaciones. 35*

Nada es suficiente para quien lo suficiente es poco. *Exhortaciones. 68.*
En la discusión racional gana más, por lo que aprende, el que es vencido. *Exhortaciones. 74*

Conclusión (breve)

Los mensajes están rodeándonos. El miedo es

necesario porque es una respuesta, un estímulo natural a nuestra propia ansiedad, a nuestra propia limitación y a nuestra propia finitud. Sin embargo el miedo es más una construcción de necesidades inventadas que una advertencia real. El miedo a los otros, el miedo a ser destruido, a ser abandonado, a ser despojado, a caer, a sufrir dolor y a morir son llevados al extremo cuando se mezclan con dinámicas de poder que nos estropean y nos dañan. El ser humano necesita de sus propios miedos, no de los miedos ajenos. Así, y sólo así, el miedo podrá ser feliz. Y nosotros con él.

LOS MIEDOS FELICES

Bibliografía

Armstrong, K. (1993) *Una historia de Dios: 4000 años de búsqueda en el Judaísmo, el Cristianismo y el Islam*. (1 ed. en español). Buenos Aires, Argentina: Editorial Paidós.

Bettelheim, B. (1976) *Psicoanálisis de los cuentos de hadas*. (2da. reimpresión en Argentina, 2010) Buenos Aires, Argentina: Editorial Paidós.

Borg, M. (1997) *Jesús y Buda: Enseñanzas paralelas*. (1 ed. en español). México D.F.; México: EDAMEX.

Campbell, J. (1949) *El héroe de las mil caras* (11 reimpresión en español, 2009) México DF, México: Fondo de Cultura Económica.

De Keijzer, B. (2010) *Masculinidades, violencia, resistencia y cambio*. Recuperado el 6 de 12 de 2011, de http://amegh.org.mx/uploads/misc/Benno%20de%20Keijzer.pdf

Foucalt, M. (1976) *Vigilar y Castigar*. (1 reimpresión argentina, 2002). Buenos Aires, Argentina: Siglo XXI Editores Argentina.

Jufresa, M. (1991) "Estudio preliminar, traducción y notas". En Epicuro, *Obras* (1 ed.) Madrid, España: Editorial Tecnos.

Mandel, G. (1967) *Buda/Mahoma*. (1 ed. en español, 1981) Colección Colosos de la Historia. México DF, México: Promociones Editoriales Mexicanas.

McCloud, S. (1993) *Understanding comics: The invisible art*. New York, U.S.A. Harper Collins.

Moore, A. y Gibbons, D. (1986-1987) *Watchmen*. New York, U.S.A. DC Comics.

Paglia, C. (1994) *Vamps & Tramps: Más allá del feminismo*. (1 ed. en español, 2001) Colección Intempestivos. Madrid, España: Editorial Valdemar.

BASTA DE TENER MIEDO

Rousseau, J. J. (1796) *El contrato social.* (Edición de 2003) Madrid, España: Dastin.

Savater, F. (2003) "Prólogo". En Rubén Lardín, compilador. *El día del niño.* (1 edición). Colección Intempestivos. Madrid, España: Editorial Valdemar.

Tolkien, J. R. R. (1955). *El Señor de los Anillos: El regreso del rey.* (Ed. en español, 2002). Barcelona, España. Ediciones Minotauro.

Watterson, B. (1989) *Calvin & Hobbes.* Publicada el día 23-04-1989. Universal Press Syndicate. Recuperado el 01 de 12 de 2006, de http://sccarfs.files.wordpress.com/2006/11/best20bud.jpg?w=480

Sobre los autores

El Mtro. Napoleón Martín del Campo es Diseñador Gráfico por la Universidad de la Salle León; Maestro en Enseñanza Universitaria por la Universidad de León y Maestro en Diseño Gráfico por la Universidad Iberoamericana León. Es catedrático universitario y director del despacho de diseño gráfico, ilustración e historieta Napocomics.

El Dr. Robert E. Martínez Frías es Licenciado en psicología por el Instituto Hispanoamericano; Maestro en Terapia Familiar por la Universidad del Valle de Atemajac y Doctor en Pedagogía por el Centro de Estudios de Posgrados del Bajío. Es catedrático universitario, tallerista, conferencista y terapeuta.

El Lic. Renato Padilla Gómez es Licenciado en Comunicación por la Universidad Iberoamericana. Catedrático universitario y de educación medio superior, escritor, editor y responsable del área de narrativa del despacho de diseño gráfico, ilustración e historieta Napocomics.

www.ingramcontent.com/pod-product-compliance
Lightning Source LLC
Chambersburg PA
CBHW031200270326
41931CB00006B/341